JN209737

ビジネスマンのためのスピリチュアル入門

たま出版

ビジネスマンのためのスピリチュアル入門

はじめに

　この本を手に取っていただき、ありがとうございます。きっと、意識の深いところで必要であるとわかったからこそ、この本とつながっていただけたのだと思います。

　経営コンサルタントであり、たくさんの書籍を世に出された船井幸雄さんは、「人生は必要・必然・ベスト」と、多くの書籍を通じて言われていました。人生に起こることに偶然はなく、その人の成長にとってベストなタイミングで、必要に応じて起こるという意味です。こうしたことを、にわかには信じがたいと思う方もいるでしょう。しかし、この本を読み終えるころにはきっと、なるほどと腑に落ちることと思います。

　より充実した人生を歩んでいきたいと常日頃から思われている志の高い方、仕事や人間関係で悩まれている方、お金や健康問題に直面されている方など、さまざまな動機が本書との出会いになっていると思いますが、みなさん、安心してください。後ほど説明する簡単な方法で、すべての問題は解決に向かいます。私のすすめる方法は対症療法ではなく、特効薬であり、万能薬なのです。

私は今年62才を迎えますが、紆余曲折を経て現在に至りました。それは波乱万丈と言っていいと思いますし、修羅場をくぐってきたと言い換えてもいいかもしれません。そんな私の転機となったのは、昨年秋に出会ったある書籍とユーチューブでした。

自分の未来が変えられることがわかり、さっそく毎日5分間のエクササイズをはじめたところ、さまざまな偶然や奇跡と思われることを体験しました。仕事や人生が大きく方向転換し、きらめいたものになりました。

本書では、私が経験したことを包み隠さず皆さんとシェアしながら、なぜそうなったのかという理由をわかりやすく説明します。

読者の皆さんが思い描くとおりの人生を歩むための道しるべとなることを願っています。

かのアルバート・アインシュタイン博士は「いかなる問題も、それをつくり出した同じ意識によって解決することはできない」と言いました。つまり、現在抱えている問題に対しては、いまのままではなく、別の切り口から、あるいは別の次元から見なければ解決しないということです。異次元から処方しなくてはならないのです。

本書は、「事実は小説よりも奇なり」ということを理解していただくために、私の体験してきたできごとを最初の「体験編 after」に、日記風に時系列でまとめています。私がどのように変わっていったかについて、臨場感を持って読んでいただけると思います。

続く実用編では、直接スピリチュアルと関係がない内容が多く含まれますが、私が実践して効果があったものを中心に、ビジネスや健康、人間関係、お金について具体的に言及しています。より早く、より効果的に目的を達成できることと思います。

私は現役のサラリーマンです。本書をたくさんのビジネスマンに読んでもらいたいという思いで執筆しましたが、内容は、学生や子育て中の主婦、アスリート、病気療養中で寝たきりの方など、老若男女すべてに通じるものだと考えていますし、人間の想像力や創造力がものすごいエネルギーを持っていることも実感していただけると思います。

なお、本書の執筆にあたっては、誤解を避けるために宗教的な表現をなるべく慎み、科学に裏打ちされた理論や事例を多く取り入れるように心がけました。

それでは、さっそく異次元への扉を開いてみましょう。

目次

はじめに　3

体験編

before　13

after　29

実践編

心理学による感情の分析　52

ネガティブ波動を手放すエクササイズ　55

こころがけること　58

実用編／人間関係

会うべくして人々は出会っている　64
相手を変える　66
反省しすぎるのも毒となる　69
自分を好きになる　70
誠実であること　73
笑いについて　76
ネガティブ波動を外すと人間関係が劇的に好転する　78

実用編／健康

すべての病気は波動である　82
ドイツ波動医学

ホメオパシー
病気になりやすい人　87
病気を治す　88
花粉症を治すためには
確実なダイエット法があった！　95
腸内環境を整える　103
心臓ガンがない理由　110

実用編／ビジネス

ビジネスモデルの創出　114
感度分析という経営手法　122
これからのビジネスのあり方　126
多様性の尊重と第三の案の創造　133
速読と右脳の活性化　139
脳は老化しない　142

実用編／お金

お金に対するマイナスイメージを払拭する　150
豊かになるためのテクニック　152

波動編

波と波動は同じ？ 別物？　158
周波数ってなに？　158
波動にはいろいろな周波数がある　159
波動にはおもしろい特徴がある　161
同じ波長（周波数）の波動は共振する
情報を乗せることができる
●気の合う人、合わない人
●病院はなるべく行かないほうがいい
●パワースポットの効能

●アニマルコミュニケーション
周波数が高いとたくさんの情報を遠くまで送れる
周波数が高いとエネルギーも高くなる

量子力学編

量子力学ってなに？　172
私たちの本質を明らかにした量子力学　174
意識で筋肉をつけたり減量したりできる
確率は変えられる
祈りの絶大なる効果
思考を現実化するには　183

宇宙編

人類の起源　190

バシャールという存在　192
パラレルワールドってなんだ？　197
私たちは永遠なる存在　202
夢の力　206
カルマは存在しない　210
次元上昇とはなんなのか？　212
これからの時代　216

あとがき　223

参考文献　226

体 験 編 / before

私がエクササイズを実行する前の
苦難に満ちた人生の記録です。

私は、１９８０年に大学を卒業した後、東京に本社がある商社に入社しました。研修期間が終わると名古屋支店へ配属され、そこで14年間勤務した後、本社へ転勤しました。

大学時代は、親元から離れた解放感もあり、あまり勉強をせず、必要最低限の単位を取ったのみで、ぎりぎり4年で卒業しました。本当は海外勤務のある大手電機メーカーに就職したかったのですが、当時は就職氷河期だったため、諦めて貿易商社に入社し、憧れのアメリカに出張することを目指したのです。

入社して3年ほどで海外研修ができるという会社をみつけ、それを頼みとして面接に臨みました。果たして希望どおり入社が叶い、３年後にアメリカへ出張することができました。

ニューヨークの少し南にあるデラウェア州に赴き、大手化学メーカーであるデュポンで、液体クロマトグラフィーや熱分析装置と呼ばれる分析機器の技術トレーニングを受けました。

周りに日本人は一人もいません。しかし、韓国、香港、シンガポール、マレーシア、インド、エジプト、南アフリカ、ブラジルなど、世界各国から人が集まってきていました。一日中、よくわからないままに英語に浸って、仕事が終わると毎日みんなで食事し、お酒を飲みに行きました。当時は、インターネットも電子メールもスマホもありません。のんきなものです。

共通言語はお国訛りのある英語で、隔てなく打ち解けあいました。特に韓国人のＫｉｍとは親友になり、その後も交流が続いています。

研修も終盤に差し掛かったとき、いつものようにみんなと食事に行き、トレーナーのＢｕｄにショットバーに連れて行ってもらいました。そこで、中年の女性が私の席の隣に座り、なんと私に言い寄ってきたのです。

女性はすごく酔っ払っていて、言っていることがよく理解できません。どうやら、娘さんが結婚していなくなり、一人で暮らしていて寂しいので、一緒に住んでほしいとせがんでいるようでした。女性はおそらく50代、私は当時25才でしたので、母子（ははこ）ほどの年齢差だったでしょう。

彼女は、対応にとまどう私の手を握り、頬にキスをしてきました。私はＢｕｄに「Please help me!」となんども叫びましたが、Ｂｕｄはニヤニヤ笑うだけで相手にしてくれません。

なんとかその場をしのぎきることができましたが、そのとき私は、アメリカの女性がすごく積極的であることを学んだのでした。

２００３年に2度目の転勤をしました。主要仕入先の事業部門長が、会社の関西支店の立て直しのために異動してほしいと懇願してきたのが発端でした。もしそれに応じない場合は、生命線であるP社を直販に切り換えるというのです。上長からも同様な打診があり、私は、東京を少し離れてもいいかな、程度の軽いノリで、即断即決で関西への赴任を決断しました。

赴任後、1ヶ月間はまったく部下に口を出さずにだんまりを決め込み、仕事ぶりを観察しました。それから支店長に組織の編成案を進言したのですが、まったく相手にされず、会社は現状維持にこだわるばかりでした。上司からは、お前の好きなようにやっていいと太鼓判を押されていましたので、私は支店長を敵にまわす覚悟で、専門性を高めた組織に再編し、合わせて意識改革に取り組みました。

結果、景気の回復や運もあいまって、業績はみるみるうちに回復しました。

そのときは、本社での仕事や地方や海外への出張もありましたから、多い年は飛行機に年間130回ほど乗りました。おかげで、1年だけマイレージクラブの一番上のメンバーになれたので、鼻高々に優先搭乗してはエコノミークラスの席に座ったりしていました。羽田と伊丹をほぼ毎週往復していましたので、機内のキャビンアテンダントの大半の方の顔を覚えましたし、しょっちゅうエコノミークラスに優先搭乗してくるおじさんとして覚えられていたかもしれません。

東京と違って社内は関西特有のノリの良さに包まれ、またボケとツッコミがとても楽しくて、私はもっぱらボケ役をやってははしゃいでいました。２００7年3月に帰任することになりましたが、その1年前までは公私ともにとても充実した日々を過ごしていました。それまでの私は特に大きな問題もなく、おおむね順風満帆な人生を送っていたと思います。

上司が豹変したのはそんなときでした。責任感が強く、専門性が高く、仕事ぶりも申し分ない上司でしたのでたいへん信頼していましたし、上司も私を可愛がってくれていました。

なにが逆鱗に触れたのかわかりませんが、その上司が突然、私の言葉や行動をすべて否定しはじめたのです。私は執拗なパワハラを受けるようになりました。まさに青天の霹靂(へきれき)です。

あとで知ったことですが、私の前にも犠牲者が何人か出ており、そうした人たちはさらし者のようにされていたのだそうです。

帰任する半年前には本社からいよいよ刺客が送り込まれ、私の権限ははく奪されていきました。

帰任しても、上司の私に対する対応に変化はありませんでした。私は肩書だけを持ち、仕事に対するすべての権限を失いました。27年勤めた会社を辞めるべきかどうか、自分の心や体と相談しながら真剣に悩みました。

そんなある日、ヘッドハンティング会社から一通の電子メールが届きました。どうも、新聞に載った人事異動欄に私の名前があったことがきっかけだったようです。私はさっそく面談に行きました。米国の大手メーカーの日本法人からのオファーでしたから、私は渡りに船とばかり、入社に向けて職務経歴書を作成し、会社の帰りに英会話スクールに日参しました。妻に対して状況を告白しましたが、妻はたいへんショックを受けたにもかかわらず、理解し応援してくれました。

もし不合格になったらどうしようかと不安にさいなまれながら面接を待ちましたが、その後、3回の面接に無事合格し、入社が確定しました。私は長年勤務した会社を8月31日に退社し、9月1日に転職先に入社しました。

しかし、そこでもまた上司から冷たくあしらわれ、自分の居場所が見つからないまま3ヶ月で退社することになりました。

生まれてはじめて失業保険の手続きをおこないながら、私は個人事業主になることを決意しました。株式投資家になるのです。ある程度の知識があり経験もあったため、そうと決めた私は関連書籍を買いあさり、自分に合った最適な方法を探りました。最終的に行き着いたのはスイングトレードと呼ばれる投資方法で、株価のトレンド(傾向)が下降や横ばいから上昇に切り替わった確実なシグナルを見つけて買い、トレンドが終了するシグナルで売るやり方です。同時に、株価のトレンドが上昇や横ばいから下降に切り替わった確実なシグナルを見つけて売り（これを空売りとか信用売りといいます）、トレンドが終了するシグナルで買い戻します。これらの買いと空売りの両方を、相場のトレンドに合わせて、比率を変え、私情を入れずに機械的に投資をすることで、相場が良くても悪くても安定した収益を得ることができる方法を自分ながらにあみ出しました。

さまざまな銘柄の過去の株価データを専用ソフトでチャート分析し、収益をシミュレーションした結果、サラリーマンの所得をはるかに凌ぐ収益が得られることがわかりました。

さらに、優良銘柄からもっとも優れたものを取捨選択するため、占いを用いました。森田健さんが代表を務める不思議研究所には、パートナーに中国人の考古学者である王虎応さんという方がいて、古文書から発見した六爻（ろっこう）占術と呼ばれる占いの先生をしています。

六爻占術とは、心が落ち着いた状態で問いを投げかけた後にコインを6回振ることで、その卦からさまざまな情報が得られ、さらに未来が予想できたり、未来を変えたりすることができるもので、とてもよく当たります。私は教本を一式購入し、その占いのエッセンスをすべてまとめ直しました。そうして、翌日の天気やプロ野球の試合の結果などを占ったのです。これが不思議によく当たりました。

数ヶ月の施行期間を経た後、いよいよ買いと空売りを同時に行うスイングトレードと、投資銘柄の最終選定をする六爻占術を武器に、本格的な株式投資をはじめました。個人投資家として時間の自由があるので、町内会の役員をしながら積極的に奉仕活動をおこないました。

ところが、序盤はほぼ想定通りの利回りを確保できたものの、次第に一進一退を続け、思い通りの利益が確保できなくなりました。そこで、やってはいけないと思いつつも退職金を投資資金に充て、投資額を少しずつ増やしていきました。娘は私立中学生、息子は私立高校生で物入りな状態が続くなか、焦りと不安が募っていきました。

家族を路頭に迷わせてしまったらどうしよう、という恐怖におののき、悪夢にうなされることが頻繁にありました。夢は、大切な情報を本人に伝えるコミュニケーションツールですから、この時期の私は、悪夢というかたちで再三注意を促されていたのです。なお、夢については後半の「宇宙編」で詳しく説明します。

不調が続き、いよいよ資金が底をつきました。妻に内緒で親から資金を借り入れ、投資を継続しましたが、結果は悲惨なものでした。万事休すです。あとでわかったことですが、確率は一定のものではなく、人間の意識によって変えることができるものでした。つまり、私のネガティブな意識がすべての不運を招いていたのです。これに関しては、後半の「量子力学編」で説明します。

万策尽きたとき、55才になったところでした。私は、人生の酸いも甘いも思う存分に経験したはずだと自分を無理やり納得させ、遺書を書き、ホームセンターで石油ストーブを買いました。風呂場で酸欠死を試みたのです。

意外にも、心はとても落ち着いていました。肉親を含めたすべての人に対して感謝することさえできました。ゆっくりと時間が経過しましたが、密室にもかかわらずなんの変化もありません。

その瞬間、私は大いなるすべてに助けてもらっているのだと直感しました。深く感謝の気持ちを抱き、生きる決心をよみがえらせたのです。私は嗚咽しながら土下座し、帰宅した妻にすべてを告白しました。そんな私に対して妻は、安定した生活をするために結婚したのではなく、あなたと一緒にいたいから結婚したんだと言ってくれました。私にとって妻はかけがえのない存在であることを再認識し、絶対に幸せにしようと決意しました。

私は就活を再開しました。ハローワークや民間の仲介会社に登録しましたが、さすがに55才での就活は厳しく、一部の外資系企業を除いて経歴書に対する反応はまったくありません。

そんなとき、川崎にある小さな会社の募集があり、さっそく応募しました。この会社は採用条件に筆記試験があり、私は、久々の試験に挑むことにしたのですが、案の定、芳しくない結果となってしまいました。しかし、どういうわけか結果は合格となり、入社することができたのです。

入社後、社内で喫煙している人がいないと聞いた私は、けじめをつけるために一念発起し、40年近く吸い続けたタバコをやめる決心をしました。12月17日に最後の一本を吸い終え、そこから禁煙をスタートさせました。その日のことは一生忘れないと思います。

その後は、いままで1本も吸っていません。でも、正直なところ、禁煙開始後も、夢のなかで、1本だけならいいかな、と、気軽に吸っていました。

入社した会社は、6年ほど前にたいへん流行って映画化までされた池井戸潤の『下町ロケット』を彷彿とさせる会社で、50件ほどの特許を保有しており、社長は頑固なエンジニアでした。半導体や液晶パネル工場のクリーンルームにあるような、生産装置の中核部分を開発製造し、販売していました。

しかし当時は、60年以上の社歴がありながら競合他社に市場を奪われており、製品価格が下落したこともあって、7年近く赤字経営を強いられていました。そこで、新製品の開発をすすめ、中核部分を含めた製品のすべてを自社で製造し、直販に切り換える営業方針に改めようとしていたのです。

そのために私が営業技術職として求められたというわけでした。

会社は、社員10数名規模の中小企業です。いままでとは違い、すべて自分でやるしかありません。電話を取り次ぎ、弁当を手配し、配膳し、トイレ掃除をし、会計ソフトを覚えて帳票類を発行し、発送のための梱包作業なども、すべてやります。それらはこの年になってはじめての経験でしたし、そのときの自分にとっては屈辱に近いものを覚えたりもしました。

社内で営業経験があるのは社長だけで、総務経理を除いて後はすべてエンジニアです。カタログなどの販促物さえもありませんでしたから、ホームページの刷新と製品カタログの作成を進め、少しずつ環境が整っていきました。見よう見まねでリスティング広告（検索連動型広告）を出したり、東京ビッグサイトやパシフィコ横浜、上海の展示会に製品を出展しました。

２０１５年3月から、私は社長と一緒に中国、台湾、韓国へ出張し、販促活動を開始しました。今でも毎月半分を海外で生活する習慣が続いています。

半導体や液晶パネル、有機ＥＬパネル工場は、当時も今も中国で建設ラッシュが続いており、まずはそれに照準を合わせました。

ですが、何度もプレゼンテーションをおこない、打ち合わせをかさねて製品や技術の優位性は訴求できても、新製品としての市場実績がないため、失注を重ねることになってしまいました。どうしたら受注に結びつくのか、悩み、考え続けました。

一方、これからの市場性を踏まえて中国での現地法人の設立を計画し、ジェトロ（経済産業省の外郭団体で、中小企業の海外事業の支援を主におこなっている）の支援を受けながら、１年半がかりで２０１６年10月に念願の子会社を上海に設立することができました。

この間の詳細は後半の「ビジネス編」に譲りますが、私はさまざまなビジネス書を頼りにして、新たなビジネスモデルを考案し、矛先を台湾に変えました。台湾はビジネスパートナーがコロコロと変わり、成果が出るにはさらに1年ほど時間がかかりましたが、新規の工場ではなく既存の工場に対して製品やサービスをＰＲした結果、具体的な案件がどんどん増えてきました。

それはよかったのですが、たくさんのデモ機を製造、輸出してお客様に貸し出したり、そのための外注費用（クリーンルーム内で発生する費用はとても高価なのです）や、パートナーの労務費を支払ったり、エンジニアが頻繁に海外出張したりしたことで事業資金が枯渇してきました。

そこで、2017年5月に取引金融機関であるK金庫へ融資の相談を持ちかけました。私は、はじめて資金繰り表や事業計画書を作成することになり、融資の検討状況を毎月確認しました。しかし、色よい返事もなく、資金繰りが厳しさを増した9月にようやく、支店長から面談の話がきました。

内容は、本社土地建物の根抵当権の設定、すべての取引をK金庫へ振り替えること、高金利による短期融資といった、会社の足元を見た、誠実さに欠けた内容でした。さんざん待たされたあげくこんな条件を提示されては、到底納得できるものではありません。そのうえ時間がいよいよさしせまっていたので、融資をなかなか取り付けられないと噂されているメインバンクのM銀行に相談しました。すると、驚くほどの迅速な対応をしてもらうことができ、11月には第1回目の融資がスタートしました。

その後、2018年2月と8月にも追加の融資を受け、会社が保有する不動産の売却も並行して進めました。会社は複数の不動産を持っていましたが、横浜にある土地は市街化調整区域で販売の見込みが立ちません。一方で、川崎の土地は、商業施設としてコンビニなどから引き合いがきました。問題は、その土地が共有名義であり、社長と名義人の一人が犬猿の仲だったことです。土地が売れれば会社に2億数千万ほどの収入がもたらされますが、銀行からの借り入れも2億円を少し越しており、資金に余裕がないことに変わりありません。M銀行は、11月中に共有名義人すべての合意を取り付け、売却先と契約を結ばなければ融資を打ち切ると言ってきました。そうなるといよいよ本社を売却することになってしまいます。

本社は、社長が自分で設計した建物であり、思い入れが深く、社長にとっては城のような存在です。売却だけはできないと強気で対応していたのですが、いよいよ追い詰められてしまいました。不動産の売却に関わることに関してはすべて社長が対応していましたから、私は公共機関からの融資や、大手企業にM＆Aの打診をしたり、台湾での案件をいち早く現金化することに注力しました。

そんな折、赤坂の豊川稲荷東京別院は銭洗い弁財天で有名だと妻から教えてもらいました。願ったお金が手に入るとのことで、私はわらをもつかむ思いでさっそく参拝に行きました。オペラ歌手のMさんが参拝した直後のようで、サインの入った供物が捧げてありました。

私は無謀にも3億円が会社に入るように祈願し、他の参拝客もかえりみずお金を何回もしつこく洗いました。そしてトータル5回ほど、豊川稲荷へ参拝してはお祈りをしました。

9月末になり、川崎の土地はコンビニ大手が仲介会社を経由して購入することで合意が取れ、10月に契約を結ぶことになりました。共有名義人すべての合意も、社長の精力的な交渉により無事に決着を迎えました。

ところが、10月に入って契約締結の直前になっても仲介会社から連絡がありません。さんざん催促してようやく回答が来たと思ったら、物件が高すぎて契約はできないので半額にしてほしいと一方的に言ってきたのです。苦境を見透かされていたわけです。契約は不履行となり、白紙撤回されました。

社長は入札方式に変更することにし、最終的に9社が入札に応じることになりました。落札予想価格を坪１３０万円（総額2億5千万円）に上乗せしました。


以上がｂｅｆｏｒｅ編です。次のａｆｔｅｒ編は、日記風に書いてあり、ボリュームが多いので太字だけ読んでいただいても結構です。シンクロニシティ（意味のある偶然。セレンディピティとも言います）や、奇跡と思われることが多数起こります。

体 験 編 / after

エクササイズをはじめたことで、
人生がどんどん開けていった記録です。

２０１８年

10月25日　朝、車を車検に出してから妻と一緒に高尾山へ山登りに行こうと思い、ホンダへ10時少し前に行ったが、平日で来客がそれほど多くないにもかかわらず受付に時間がとてもかかりイライラした。その後、地下鉄に乗ろうとして駅に行ったら電車が出たばかりだった。さらに中山駅に到着しＪＲに乗り換えて八王子方面に向おうとしたらこちらも電車が出たばかりで、これから山に登るには遅い時間になってしまった。もう一つの候補地である北鎌倉へ誘導されていると感じ現地へ向かった。帰りに横浜そごうに寄り、紀伊国屋書店で並木良和さんの書籍『みんな誰もが神様だった』が平積みされているのを見て興味本位で購入した。本の内容に衝撃を受けながらすぐに読破した。並木さんは、思想家であり実業家である中村天風さんの一番弟子である船越富起子さんのもとで修行をされているのを後から知った。それ以降、並木良和さんや、並木さんと同じようなワークショップを開いている関野あやこさんのユーチューブの映像を繰り返し見るようになった。

10月31日　並木良和さんの本を数回読み直し、先ずは「怒り」の波動を手放すエクササイズをはじめた。

11月３日　風呂の中で「怒り」「不安」「恐怖」「悲しみ」の波動を手放すエク

ササイズを開始。数日後からは、朝起きてから5分ほどかけておこなうように変更した。

11月4日　オリーブオイルが少なくなったので、スーパーで買おうと思ったが、忘れてしまい買わなかった。家に戻ったら、車のなかに実家から法事でもらった引き出物を見つけた。それを開けたら、なんとオリーブオイルが2つ入っていた。

11月5日　社長の機嫌がとてもよくなった。会議で笑う声が聞こえたり、電話での応対が丁寧になったと思う。Sさんが提出した勤務変更届に間違いがあったが、いつものような上から目線ではなく、電話で優しく「間違っているみたいよ」と笑いながら指摘した。

僕が近くにいるのにもかかわらず、他の人に対して「数学で会社の保有する土地の面積を求めてくれないか」と社長が依頼しているのを見たが、残念な気持ちにならなかった。

11月6日　朝、出勤したら社長が笑顔で挨拶してくれた。このようなことはまずないのでちょっとびっくりした。

11月7日　出勤途中、ファミマの旦那さんが隣のマンションの端まで掃除をしているのを見て感心した。台湾のA社から、注文書を発行するに先立って、口座開設の書類が送られてきた。A社は年間売上高1兆円を誇る巨大企業であり、当社のような中小企業との直接取引は絶対に無理だと思っていたのでたいへん驚いた。

11月9日　台湾への出張にあたり、客先訪問のスケジュールが思わぬ多さで入り、とても嬉しかった。

11月11日　関野あやこさんのユーチューブを聞いて腑に落ちることがあった。それで幸せになったり、本城武則さんのデイトレ（インターネットの有料英会話スクール）で、本城さんやローラさんの笑顔を見たりして、それが自分を明るくしてくれることに気づいた。上海の部下F君との夕食も盛り上がった

11月12日　A社を訪問し先方のエンジニアKさん、ビジネスパートナーNさん、当方のエンジニアOさん、F君との技術打ち合わせ。課題は山積しているものの、これはいい感じでうまくいくという直感があった。

11月14日　川崎の土地の競争入札がおこなわれ、共有名義分を含めて4億円（坪130万円）の入札価格を想定していたものが、なんと5・75億円（坪

１８０万円）で落札された。結果、会社にもたらされる利益は、当初予想した２・５億円から３・５億円へと大幅にアップし、必要十分な資金を確保することができた。豊川稲荷赤坂へ何度も参拝し、３億円のお金を会社のために用意してほしいとお願いしてきたことが、それをはるかにしのぐ結果として叶った。

11月16日　台湾のホテルの朝食で、2人の従業員が笑顔で迎えてくれた。新竹動物園の近くで豆腐を買ったら、店のおばちゃんに日本人かと聞かれ、笑顔で対応してくれた。Ａ社のエンジニアＫさんからの強い要望により、製品の仕様を一部変更する検討を開始した。設計思想を変えることになるため社長は絶対に承諾しないと思っていたが、すぐに許可を出してくれた。

11月21日　上海のオフィスに隣接したホテルの改装が思いのほか早まり、11日にオープンした。法人会員の手続きを終えた。658人民元（1万円弱）で宿泊できるとても快適な部屋を見せてもらった。定宿にしているホテルはだいたい同じ値段だが、すごく古い、冬場はシャワーのお湯が出るのに10分くらいかかる。とにかく上海は物価が高く、東京とだいたい同じ。

11月22日　今回の台湾・中国の出張で、すべてのフライトの到着時間が予定よりも早かった。
11月23日　怒り、不安、恐怖、悲しみに加え、すべてのネガティブの波動を手放すエクササイズをはじめた。
11月24日　朝、スーパーへ買い出しに行ったら、店の前の一番近い駐車場に停めることができた。
11月25日　下落合へセミナーの受講に行くとき、行きの田園都市線の準急で乗り換えたら、鷺沼で2つの席が急に空いて、妻と隣り合わせで渋谷まで座って行けた。さらに帰りは渋谷から電車に乗って三軒茶屋の手前で2つ席が空き、2人で座って帰った。
11月26日　出張から戻り、2週間ぶりに社長と会ったが、とても明るく、距離感のなさを感じた。朝礼でいつものように海外出張の報告をした。台湾のI社へ本格的に納入する製品の校正作業を3年間無償でおこなうことを私が独断で決めたと報告したが、なにも文句を言われなかった。拍子抜けした。
11月27日　台湾のA社から預かる予定のサンプルの発送を依頼してから2ヶ月半が経過していた。担当のRさんにメールをしたら数日のうちに集荷の調整が整い、1週間後に到着した。

11月28日　M銀行へ社長と訪問した。短期融資金である1・3億円の返済期限が11月末に迫っていたが、2019年3月へ延長してくれた。K支社長が最終的に決断してくれた。

11月30日　昨日、クレジットカード会社から利用明細が届いた。自分の住所や取引口座情報は合っていたが、会員番号が異なっており、不正利用された可能性があった。クレジットカード会社へ何度か連絡した結果、昨年6月にアップグレードする前の、古いカードが今でも有効となっており、不正使用があったと明らかになった。被害額は7万円。Y電機のネットショップに利用されていた。最初はその確認作業に1ヶ月かかると言っていたが、他にも同様な不正アクセスが何件もあったことが判明し、即日で利用代金は支払わない結論に至った。

会社の土地の売買契約が締結され、午前中に5700万円が振り込まれた。社長が午後に戻ってきたが、童心に帰ったように明るく、とてもはしゃいでいた。

12月1日　ららぽーと横浜の紀伊国屋書店に行ったら、読みたいと思った本が4冊同時に見つかった。とても珍しい経験をした。

朝、いつもは生で食べるキャベツを卵と一緒に炒めて食べてから散歩に行ったら、珍しく下痢をした。ビタミンや有用微生物が少なくなるので生で食べなさいとのメッセージだと直感した。

12月2日　朝、町内の掃除大会があるため7時に目覚ましをかけるべきところを忘れてしまい、7時半に設定してしまった。ところが7時15分に気持ちよく目覚め、洗顔をしながら掃除大会があるのに気づき、時間に間に合った。

12月5日　バスが15分以上遅れ、入社以来はじめて遅刻をした。しかし、おぜいの小学生が通り過ぎるのを見ながらすがすがしく思った。怒りや不安をまったく感じなかった。

年末の挨拶にY社が来社。1時間の面談がとても盛り上がり、今までのやりとりのなかでもっともはしゃいでしまった。

12月6日　朝、激しく雨が降っていたが、家を出かける時には不思議と小降りになっていた。社内が明るく、仕事が順調に進んでいることが手に取るように感じられる。

12月8日　ガソリンが半分しか残っていない状態で箱根に遊びに行くのは少し心配で、給油したほうがいいと思っていたら、妻が会社へ行ってメールを

1通出さなくてはならないと急に言い出し、妻を送る途中にいつものガソリンスタンドに寄った。

12月10日　成田発上海浦東空港の到着予定時間に対して5分早く着いた。エクササイズを始めて1ヶ月以内で不安や恐れがどんどんなくなり、自分の意識が現実を反映していることが確信に近くなった。

12月11日　夢に以前勤めていた会社が出てきた。管理部門が福引のようなものをやっていて、一等賞がハワイ旅行だった。予知夢かもしれないと思っていたら、その後にハワイに行くチャンスが偶然訪れた。

12月12日　上海のホテルの朝食で店員が笑顔で挨拶し、なにもリクエストしていないのにコーヒーを入れて笑顔で持ってきてくれた。

12月13日　毎日恐怖の波動を手放しているせいか、上海のビジネスパートナーへ行くタクシー、さらにそこから空港へ向かうタクシー、到着した深圳空港からホテルに向かうタクシー、すべてが安全運転で快適だった。全体的に運転の荒い中国でははじめての経験だと思う。

上海虹橋空港の手荷物検査で人がぶつかってきた。ほとんどの中国人はなにも言わずに無視するが、その人は「不好意思（すみません）」と言ってく

れた。さらに飛行機に乗ったとき、僕は通路側に座り、後から来た人がExcuse meと言って窓側に座った。キャビンアテンダントから挨拶と英字新聞、毛布をもらった。深圳空港着時間は1時間遅れた。エクササイズをはじめてから、フライトが遅れたのははじめてだ。

12月14日 台湾のA社からの依頼により、取引口座開設の手続きに新たにISO9000のマニュアル（世界標準の品質マニュアル）を提出する必要が生じた。4年前に韓国のS社向けの認証を取得するために、製造部門のSさんに和文の品質マニュアルの草案を作成してもらい、それを英訳したことがあったので、それを流用した。専門用語が多く、約1ヶ月間をかけて完成した英文資料だ。S社の認証規定が変更となり、提出資料もそれに応じて修正されることになり、使われずに残っていたのだ。そのときは、せっかくつくったのに、と残念に思っていたが、まさか今回利用できるとは思わなかった。

12月15日 台北桃園空港に到着予定時間より30分早く着いた。深圳から桃園へ入国したのち、新幹線の桃園駅に移動しきっぷを買おうとしたが、週末の夕方で自由席しか空いていない。しかも、電車が到着しても多くの人が乗れなくて溢れていた。僕は11号車に最後の1人として乗ることができた。先に乗っていたおじさんが手を引っ張って助けてくれた。
12月16日 新竹のホテルの朝食でレストランがごった返していたが、店員が角の一番いいテーブルへエスコートしてくれた。最高の席が空いていた。
12月18日 仲のいいビジネスパートナーのNさんと1ヶ月ぶりに会った。良く口論や口喧嘩をする相手だが、和気あいあいで別人のようだった。
12月19日 A社を訪問し、いつものように打ち合わせをした。すると、担当者が来年1月に退職することになったという。この工場は、ソフトの追加や修正の依頼が何度もあり、その対応に追われてひっきりなしに訪問を重ねていて、取引をしたなかで突出して手のかかるお客さんであり、手ごわい担当者だった。まさかその相手が変更になるとは夢にも思わず、同行したエンジニアのOさんとほくそ笑んでしまった。
12月20日 今日はI社との打ち合わせがあったが、特に問題もなく無事に終わった。夜にF君と食事に行った。前半はなぜかぜんぜん盛り上がらなかった。珍しく言葉が出なかった。寂しいような悲しいような感じがした。この感覚は悲しみの波動が十分に外れていないための追体験かと思った。

12月21日　ファミマへ夕食を買いにいき、支払ったらなんとぴったりの400元だった。ちょうど切りのいい数字だったのでなにか意味があると思い、ホテルに戻ってさっそくグーグルで検索したところ、「400はあなたの気持ちが固まり、前に進むときです。あなたが決意したことに対してその決断どおりにスムーズにことが運ぶように、状況などが整っていくので安心してください」という意味だとわかった。僕はそのとき、本を出版すると決断し、本書の原稿を書きはじめたばかりだった。
12月22日　羽田到着は定刻の10分前だった。飛行機に乗ったとき、必ずその時間に着くと宣言したらそうなった。
12月23日　夕方、スーパーに行ったらすごく混んでいたが、お気に入りのパーキングスペースが空いていた。
12月24日　午前中に赤坂に行ったが、天気はいいのに気温は10度ほどで、風が強くとても寒かった。昼ごはんのあと、浜松町まで散歩がてら歩き出すときに、風が止むことをイメージしたら、強かった風がすぐに弱まり、しまいには暑くなり汗ばむくらいだった。帰りは電車に乗ったが、鶴見で前に座った人が3人同時に降りて、妻の横に座ることができてラッキーだった。

2019年

12月25日　新製品第一弾としてI社へ納入したデモ機の代金が入金された。

12月29日　夕方スーパーに買い物に行ったら駐車場待ちになっていた。少し待ってやっと車を動かしたら、一番いい場所に駐車できた。ノースポートモールに行ったら同じく混んでいたが、エスカレーターのすぐ近くのスペースに駐車できた。

1月3日　三が日で渋滞することを考えて、実家を9時に出発して車で家に向かった。渋滞がなくスムーズに走れたので11時半には横浜青葉ICに到着できると思った。ところが御殿場あたりに差しかかったときに、厚木と横浜町田間で事故が発生し、厚木から町田まで70分かかると掲示板に表示された(普通は10分で行ける)。渋滞のなかを走りながら11時半だけをイメージしたところ、11時37分に横浜青葉ICに到着した。不思議な体験だった。

1月6日　朝、緑道を散歩中、10時頃に部分日食が南南西方向に見えるかも、と妻が言っていたのを思い出した。どんよりと曇った天気だったが、どうしても日食が見たいと願ったら、9時50分過ぎに日差しが出はじめ、薄雲を通して30秒ほど部分日食が観測できた。とても感動した。

1月10日　朝、センター北のケンタッキーで受付の女性が笑顔を振りまいてくれて、気分がよくなった。1年ぶりにK金庫のSさんから電話をもらった。定年後の嘱託がいよいよ終わり、会社を退職するとの挨拶だった。「当庫は融資条件がとても厳しく、期待に応えられなくてすいませんでした」とお詫びをくださった。製品の輸出や海外法人の設立でたいへんお世話になった方だった。

1月11日　1年ぶりに皮膚科に薬をもらいにいった。「1年ぶりですね、薬価が下がりましたよ」と言われた。軟膏が10本入りでなんと１３００円だった。とても安い。ラッキーだった。

1月14日　今日からいつものように海外出張。成田空港に着いたら、妻からＬＩＮＥが入った。「多摩川浅間神社へ参拝した。おみくじを引くときに、仕事辞めていいですか？　と聞きながら引いてみた。そうしたら『今の職業を続けなさい。自ら動いてはいけません。必ず時期が来るから待ちなさい』と書いてあった。仕事は今年も継続することが自分の中で決定したよ」というメッセージだった。先週末に仕事を辞めていいか聞かれたので、「自分で本を出版しカウンセラーやコンサルティング業が本当にできるか、まだ確信が持てないので50％」と伝えたばかりだった。

上海浦東空港には定刻の10分前に到着した。
1月16日　深圳空港に定刻の10分前に到着した。
1月18日　上海虹橋空港に定刻に到着した。
1月19日　昨日の午後、深圳から上海にもどり、3時頃にホテルにチェックインしてから上海の子会社へ出勤した。台湾へ移動するにあたりパスポートがないことに気づき、何度も捜して、フロントにも確認してもらったが見つからなかった。現地社員に来てもらい、警察署に盗難届を出してから入国管理局に行き手続きをしようとしたが、上海市の入国管理局でないと手続きができないことがわかった。その日の午後に行ったが、営業しておらず、月曜朝に再度訪問することになった。台湾でのホテルや出張スケジュールをすべてキャンセルした。
1月21日　再度上海入国管理局に手続きに行き、会社へ出勤した。夕方、ホテルに戻ったら部屋のテーブルの上にパスポートが置いてあった。すぐにフロントに行き状況を確認したところ、18日にチェックインした時の女性スタッフが対応してくれて、実はフロントにずっとパスポートがあったことを告白し謝ってくれた。妻から、「あなたは瞬間湯沸かし器」とよく言われる私だが、今回はたいへんな思いをしたわりに、ぜんぜん怒る気にならなかった。エクササイズのおかげだと思う。怒りの波動がどこまでなくなったかをチェックされているようだった。

1月21日　ホテルに備え付けの時計を見たら22時22分だった。これはなにか意味があると思い、すぐに検索すると「すべてはうまくいっています。願いは叶うと信じていてください。奇跡が起こるのを待っていてください。心配はいりません。あなたのアイデアはもうすぐ現実になります。肯定的な思考を持ち続けましょう」というメッセージだった。やはり問題ない、と思った。いい本を出すぞと誓った。

1月24日　21日に妻からWechat（中国版のLINE）が入った。7歳のオス猫、にくちゃんの下半身が突然麻痺し、両足が動かなくなったので病院に連れて行ったとのこと。診察結果はヘルニアか、また別の病気の可能性が高く、もしヘルニアであった場合、麻痺の状態は残るかもしれないと置きつつ、手術をすすめてくれた。費用は1週間の入院を含めて50万円と、とても高額だが、飼い主の責任と思い了解した。24日に、川崎にある日本動物高度医療センターで診察をしてもらったが、麻痺の状態が改善しているということで、自宅に戻し様子を見ることになった。結局、診察費用は6万円ほどで済んだ。妻は21日から、毎日感謝の瞑想と、にくちゃんへの祈りを続けていたという。にくちゃんは、その後奇跡的に回復し、完璧に元の状態に戻った。

1月28日　海外出張から戻り、2週間ぶりに出社した。いつもは仏頂面の社長がめずらしく「パスポートをなくしてたいへんだったね」と、ねぎらいの言葉をかけてくれた。**机の上にM銀行の次長の名刺が置いてあった。次長が大阪に転勤することになったため、後任の方と挨拶に来たようだ。その次長は気分屋で冷血、朝令暮改で、これ以上融資はしないと言って私たちをいじめる、たいへんやりにくい方だった。驚いた。**

台湾のA社の口座ができ、社長に対してメールをしたところ「ご苦労さま、たいへんでしたね」というメールをもらった。

2月3日　いつものスーパーで手際の良い係員のレジに並んだ。珍しくカリカリしているように見えたので、笑ってほしいなと思ったら、ピーナッツの袋を落として笑いながら謝ってくれた。

2月8日　本を読んだり書いたりしようと思い有給休暇をとった。朝は散歩にでかけた。家を出ると風が強く寒かった。緑道に差し掛かって、ヘミシンク（「宇宙編」で説明します）のチャクラ瞑想を聞きながら歩き出した。風が弱まり、そのうち風がまったくなくなり、暑ささえ感じた。

2月11日　昨日、散歩から帰る途中からくしゃみが連発し、夜まで続いた。風邪を引いたかなと思い、風邪のネガティブな波動を手放すエクササイズを3回ほどして寝たら、翌朝にはほとんど治っていた。

2月15日　上海の部下F君からメール。中国のお客さまから、新製品の仕様が書かれたカタログを送ってほしいという依頼だった。複雑な図面を載せる必要があったが、たまたま先週つくった資料をそのまま流用することができラッキーだった。

2月17日　台北松山空港に、予定時間の10分前に到着。

2月18日　ホテルの近くのセブンイレブンへサラダとお茶を買いに行った。レジで会計をしていたら、隣にいた見知らぬ女性客が「あなたは中国語がうまい！」とほめてくれた。「お箸を一膳ください」とか、「悠遊カードで支払いをお願いします」とか、たいしたことはしゃべっていなかったのだが、とても嬉しい気分になった。

2月19日　久しぶりに怒った夢を見た。最初の夢は、実家で食事中に場所を移動することになり、おかずを運ぼうとしたら父が大根の煮付けを食べていたので、「いつまで食べているの」と怒ってしまう夢だった。二つ目の夢は、なぜか開店前の横浜そごうの書店にいて、周りの人が準備をしていた。開店になったので一度店の外に出ようとしたら、シャッターに挟まれてトロッコのような乗り物で拉致されてしまった。「僕はなにも悪いことはしていない。早く解放しろ！」と係員に対して怒りののしった夢だ。昨年11月からエクササイズをはじめているが、怒る機会がまったくなくなっていたから、夢だからこその、とてもめずらしい体験だった。

昼ごはんをセブンイレブンに買いに行った。支払いはいつものように悠遊カードでおこなった。店員が中国語でなにかしゃべりながら、総合端末のところに僕を連れていってくれた。片言の英語によると、400元（約1500円）をもらえるので、あとからパスポートを持ってきてくださいと言っているようだった。現地の部下に確認したところ、どうもクジに当たったようだ。夕方400元をゲットし、F君との夕食で使った。なんてラッキーなんだと思った。

2月20日　台北の会計士に有料相談に行ったときの請求書がメールで届いた。

1時間1万元の規定であったはずが、2回目の相談にも関わらず、「いつもお世話になっているので、今回は8000元にします」と書いてあった。

2月22日 台南のホテルの朝食で、従業員の女性が「好久不見（久しぶり）」と声をかけてきた。心が温まった。

2月23日 上海虹橋空港に、予定の20分前に到着した。

2月28日 台湾のエンジニアであるUさんが夢にはじめて出てきた。客先で一緒に作業をしている夢で、私は、メールの返信がなかったり、対応が遅いことを責めて、Uさんに対してとことん怒ってしまった。普段はそんな気持ちはないのだが、なぜか変な夢を見たと思った。

3月6日から台湾のI社での現地作業が急遽おこなわれることになり、3人分のフライトチケットを手配しようとしたが、ハイシーズンとなっており、ほとんど空席がなかった。1名はビジネスクラスしか予約できず、2人分のキャンセル待ちとなった。旅行会社と夕方までやり取りした結果、日程の調整もでき、チケットも確保できた。金額的に高くなってしまったが、希望の日程ですべてのチケットが確保できた。

3月1日 パスポートのトラブルの原因だった人物がホテルを退職している

ようだった。

大きな荷物を持って帰国するので、雨が降らないようにイメージしたらそれまで雨模様だったのが晴れ時々曇りに変わった。成田空港に予想時間の5分前に到着。

3月13日　製造能力を拡大するため、台湾のビジネスパートナーへ主要製品の一部を生産委託することを計画していた。ビジネスパートナーは今月中に稟議を上げる必要があるとのことで、対象製品のビジネスモデルの収益性を考えていたが、いいアイデアがどうしても浮かばなかった。夕方になり、ふいに、品質が上がり、コストが大幅に削減できる妙案を思いついた。画期的なアイデアだった。

3月17日　上海浦東空港に、予想時間の5分前に到着した。中国国際航空CA930はいつもゲートに直接着かず、バスに乗って移動する。空港がとても大きいので、バスだとゲートに着くまで20、30分かかり嫌だった。今回はゲートに直接到着するとイメージした。すると、その希望が実現し、スムーズに入国できた。

3月18日　鄭州空港に、予定の15分前に到着した。

3月23日　台北松山空港に、予定の15分前に到着した。
3月29日　羽田空港到着予想時間17：30に対して、16：45に到着した。海外へ出張しはじめた4年前から考えても、一番早く到着したと思う。台北と東京は2100㎞の距離があり、台北松山空港の出発時刻が日本時間の14：30だから（実際には飛び立った時間はもっと遅い）、2時間ほどの飛行時間はありえない速さだ。

以上、枚挙にいとまがありませんから、「体験編　after」はこのあたりで終了させていただきます。エクササイズを毎朝実行するようになってから、現在に至るまで、自分にとって居心地が悪いことはほとんど経験しなくなってしまいました。毎日毎瞬をいきいきと過ごしています。

実践編

心理学による感情の分析

私たちは1日平均6万回思考していると言われていますが、その半分以上はネガティブなことだそうです。不快感を覚えたり、まだ来ぬ未来を不安がったり、過ぎた過去を後悔したりジャッジしたりするのです。そのたびに、対応した波動が周りに伝搬し、現実をつくっていきます。

私たちの思考するネガティブな言葉はあまりに多く、書き出したらきりがありません。これらは、子供の頃無意識のうちに身につけたものが大半です。大人同士のなにげない会話に含まれるネガティブな言葉や感情であったり、あるいは子供に対して「○○してはいけません!」という禁止の言葉や、「あなたはホントに××だから」といった言葉が、あなたの無意識にしみ込んでいます。

一番大きなネガティブな感情は、なんといっても恐怖です。生命の根幹に関わるからです。私は小学校にあがるずいぶん前に、なんども同じ夢を見ては夜中に目を覚ましていました。水の中で溺れそうになり、頭上にある鎖をつかむのですが、それが空回りしてもがき苦しむのです。本当に怖い夢でした。

たぶんこれは、母のお腹のなかで、ゆったりとなんの不安もなく成長し、いよいよこの世に生を受けようとするときの、産道をくぐり抜ける際に感じた強烈な孤独感や恐怖感であり、バーストラウマと呼ばれるものだと思います。

ネガティブな感情として恐怖の次に来るのは、不安、罪悪感、無価値感などです。

では、心理学からこれらの感情を分析してみましょう。岩井俊賢著『感情を整えるアドラーの教え』（大和書房）、および岩井俊賢著『アドラー心理学入門』（かんき出版）から引用、要約してご紹介します。

感情には陽性感情（ポジティブ）と陰性感情（ネガティブ）があり、時間軸により分類されます。陰性感情のおおまかな内訳を示します。

過去	現在	近未来・未来
後悔　恨み	怒り　恐怖　嫉妬　羨望 猜疑心　苛立ち　悲しみ 罪悪感　落胆　憂うつ 嫌悪感　寂しさ　戸惑い 憎しみ　屈辱感　臆病　など	あせり　心配　不安

特に怒りは二次感情と呼ばれ、怒りそのものの気持ちだけで成り立つのではない複合的な感情です。その場合の一次感情とは、寂しい、つらい、心配、悲しい、苦しい、悔しいなどが該当し、これらが満たされないときに怒りの感情がでます。

別の分類の仕方として、統合的感情と離反的感情があります。前者は自己と他者を結びつける、他社を受け入れる感情です。後者は自己と他者を引き離す、他者に敵対する感情で、怒り、悲しみ、不安、恐怖などが対象になります。

これらの感情、すなわち波動のなかでなにを今手放せばいいか選択します。それはもっとも不要であり、自分の無限の可能性の発露をさえぎっているものがふさわしいと思います。私はわざと二次感情である怒りを手放すことで、原因となる一次感情もまとめて手放せると意識してやっていますが、重複した一次感情の一部も手放しています。

ネガティブ波動を手放すエクササイズ

脳は勘違いしやすいものですから、臨場感のあるイメージと実際に起こっていることを区別することが困難です。エクササイズは、その脳の特徴を利用しておこないます。つまり、アスリートの人たちなどがおこなうビジュアライゼーション（イメージトレーニング）と同じです。

並木良和さんの書籍『みんな誰もが神様だった』（青林堂）を参照しながら、基本的なやり方を紹介します。

(1) 目を軽く閉じて両足を少し広げて立ち、自分が、広大な宇宙空間に広がる、銀色に輝く地球の大気圏の外側（ネガティブ波動の影響を受けない）にそびえ立っていると想像する。

(2) 胸やみぞおちのあたりにフタがあるので、それを右手や左手で開ける（両手に磁石がついていると想像してもいい）。

(3) なかから、ネガティブな波動でできた物体を両手で取り出して、じっくりイメージを観察する。なんの波動か、形、硬さ（ずっと使ってきた古い周波数で、何度も塗り固められているとすごく硬い）、重さ（何トンあるのか）を、ありありとイメージする。

(4) 取り出した物体を十分に感じながら「これは今まで何千年、何万年と使ってきた地球の波動であり、本来自分のものではない」と心のなかで言う。すると、この物体と自分とは別物なのだと脳は自動的に判断を下す。

(5) 「今までこの波動を楽しませてもらい、ありがとう」と心のなかで言いながら、両手を下から上に振り回し、宇宙（上の方向）に向かって手放す。すると、細かな砂粒になり宇宙の彼方に吸い込まれていく。すぐさま宇宙で浄化され、統合されたきれいな金色の光になって戻ってくるので、深呼吸をしながら引き入れる。扉を閉じるように両手で抑えて深呼吸をする。これだけでネガティブな波動がポジティブに変換される。

たったこれだけの手順です。拍子抜けするかもしれませんが、効果は絶大です。シンプル・イズ・ベストです！　私はこれほど簡単で効果的な方法を知るのに30年以上かかりました。

私の場合は、さらに効果を高めるために以下のエクササイズを最後に加えています。

波動のイメージ

波動の種類	形	色	硬さ	大きさ	重さ
怒り	トゲトゲの円筒形	真っ赤	すごく硬い	地球	一兆トン
不安	球体	真っ黒	すごく硬い	地球	一兆トン
恐怖	鎖	錆びた鉄色	すごく硬い	地球	一兆トン
悲しみ	たまご型（涙の形）	水色	すごく硬い	地球	一兆トン
すべてのネガティブ	立方体	灰色	すごく硬い	地球	一兆トン

(6) 最後に、心臓の位置に右手を当てて心臓を意識しながら、大切な人に感謝する。

人間にはチャクラと呼ばれるエネルギーセンターが7つあり、心臓の部分には4番目のアナハタチャクラがあります。これは、自分や周りの人を愛したり、愛を受け入れたりする役割を果たしており、人への思いやりや許し、理解、共感、気遣いなどにも繋がっています。スーパーラブ（無条件の愛）という言葉を聞いたことはないでしょうか。これは、お母さんが見返りを求めずに子供を育てる愛に喩えられます。

愛や感謝の波動はもっとも周波数が高く、特にスーパーラブを習慣化することでチャクラが活性化します。

私の場合は、前ページの表にあるとおり、5つのネガティブな波動を1つずつ手放していいます(1つの波動について約1分かけています)。ただし、最近は不安や心配の感情がほとんどなくなってしまいましたので、「不安の波動を外すエクササイズ」は卒業しました。

また、自分から取り出した物体に色をつけていますが、このあたりは自由でかまいません。色ではなく、材質(コンクリート、大理石、ブロンズ、岩など)を決めたほうがイメージしやすければ、そのほうがいいでしょう。なんといってもリアル感を出すのが肝心です。

こころがけること

エクササイズをおこなう際には、いくつか気をつける点があります。

●ネガティブな感情は、私たちが今まで長いあいだ使ってきたものであり、潜在意識に深くすり込まれています。しかし、このエクササイズをおこなうことで着実にそれらがなくなっていきます。3週間続ければ潜在意識が習慣として覚えてしまいますので、あとは意識しなくても簡単にできるようになります。自転車に乗れるようになることと一緒です。

●毎日波動を手放していると、ある感情について、それを追体験させるように、現実に反映されることがあります。私の場合は、悲しみの感情を体験するための現実が何度もあらわれました。しかし、それは徐々になくなっていきますから、心配はいりません。感情は幾重にも重なっている玉ねぎの皮のようなものですから、根気よく手放すことが大事です。

●日常生活で自分にとって心地よくない現象が起こったときは、はやめに(1)から(5)のプロセスに従ってネガティブなものを手放していきましょう。これはとても大切なことですから、必ずおこなってください。

●現実に投影される出来事を観察して、自分がどんな波動を出しているのか、自分の意識や感情をチェックする習慣をつくりましょう。自分の外側ではなく内側へ注意を向けていくのです。この習慣を築き上げていけば、周りの影響を受けにくく、感情が安定し、軸がブレなくなってきます。生まれてから今まで無意識にやってきたことを変えることになりますから、簡単ではありません。しかし、これができるようになると、自分の波動が現実をつくっていることがわかり、少しずつ自信が生まれます。その経験を積み重ねることで自信が不動のものになるでしょう。たとえば、感情の動きをきちんとモニターできていると、次に引き起こされるできごとがポジティブなのかネガティブなのかがなんとなく予想できるようになります。そして、いざそれがやってきたときに、「やっぱり！　だってずっとウジウジしてたから」という具合に、そのできごとが引き寄せられてきた理由がわかるようになります。自分の感情の動きをモニターすることに熟達すれば、いずれは感情の行方を自分の力でコントロールできるようになっていきます。

●これはバシャール（「宇宙編」で詳しく説明します）からのアドバイスですが、運動や体操のように体を使い、少しオーバーに思える程度に体感しながらおこなうようにしてください。家族がいても恥ずかしがらずに毎日楽しくやりましょう。自分が人生の主人公で、自分の現実を創造しているわけですから、他の人の目は関係ありません。今は、私と妻は2人ともエクササイズをおこなっていますが、最初はずっと私1人でやっていました。自分のためにやっていたので、相手が見ていようが全然恥ずかしくありませんでした。今では、エクササイズをおこなう私と妻を、不思議そうな顔で猫がジーッと見ています。

●より効果的にネガティブ波動を外すためにも、並木良和さんや関野あやこさんの本や動画を見たり、ワークショップ（体験型講座）に参加することをおすすめします。特に並木さんのワークショップはたいへん人気があり、すぐに定員になってしまいます。3月に後楽園でおこなわれたワークショップに参加しましたが、そのときは1000名の方が来場されていました。

●毎日、簡単な日記を書くことをおすすめします。ポジティブな体験、ネガティブな体験、なんでもいいので、ちょっとメモ書きしておくくらいでかまいません。あとから読み直したときに、自分がどのように変化したかを時系列で理解することで、毎日のエクササイズに対して自信が湧いてくると思います。「継続は力なり」ですから、エクササイズと日記をぜひ習慣にしてください。

実用編／人間関係

会うべくして人々は出会っている

精神科医であり心理学者のアルフレッド・アドラーは「人生の問題はすべて人間関係である」と語っています。極端な表現ではあるでしょうが、人間関係が私たちのなかで大きな比重を占める問題であることは確かです。人と関わり合わずに生きることは、無人島で暮らす以外にまず無理でしょう。

身内や友だち、学校や会社や仕事関係など、その親密さや、会う頻度、話したりする頻度はまちまちでしょうが、私たちは毎日いろいろな人に接しています。

人間関係のなかでは、合う人間、合わない人間が必ず存在します。合わない人間のなかには、話がかみ合わない程度の人もいれば、話がまったく続かない人もいるでしょう。口げんかに発展する人もいますし、恨みさえ感じる人もいるでしょう。

「袖すり合うも他生(たしょう)の縁」という言葉があります。人との縁はすべて単なる偶然ではなく、前世で結ばれた深い因縁によって起こるものだから、どんな出会いも大切にしなければならないという仏教的な教えです。ほんとうだろうかと疑問に思うかもしれませんが、この言葉は正しいです。

心理学者であるカール・ユングは、集合的無意識を唱えました。私たちすべての人類には共通する普遍的な部分が存在し、意識の深いところでつながっているという概念です。また、私たちには顕在意識、潜在意識に加え超意識があり、宇宙や大いなるすべてとつながっているという考え方もあります。詳しくは「宇宙編」で説明しますが、私たちは生まれる前に今生の計画を立てるのだそうです。いつどこで、誰に会って、どんな体験をするか、詳細を決めるわけですが、もちろん自分一人で勝手に決めるのではなく、対象となる相手と事前に合意した上で、そう決めてくるのです。そうすると、街角で偶然誰かに出くわして、お互いに驚き「奇遇ですね！」と言い合うようなできごとは、本来あり得ないことになります。

私たちは、一人ひとり波動域（発振したり、受信したりできる周波数の範囲）が異なっています。共通した波動域がまったくない人とは絶対に会うことはありません。共振しないからです。そう考えると、今現在反りが合わないと感じる人や、会って不快を感じるような人とも、波動域は共通しているわけです。結局、自分の成長のためにその人を引き寄せているのです。

仲の悪い間柄でよくあるのは、ほんとうは認めたくない自分の欠点（一般的にこれをコンプレックスといいます）を、お互いが共通で持っている場合です。自然と嫌悪感を覚えることになり、自分が相手を嫌うから相手も自分を嫌う悪循環に陥ります。

つまり、波動域がとても近いから起こる現象です。逆に考えれば、なにかのきっかけで誰よりも気持ちが通じ合う可能性もあるわけです。

相手を変える

よく、自分から働きかけて相手を変えることはできないと言われます。相手を変えるのではなく、自分が変わることだと——。自分が変われば相手も変わるというのです。

また、運命は変えられないと信じている人がいる一方で、運命は変えられるが宿命は変えられないと信じている人もいます。

ですが、実際には、相手も、運命も、宿命も、すべて自分の力で変えることができます。もちろん相手を洗脳したり、怪しげな魔術や魔法を使ったりするのではありません。波動の法則に基づいた、歴然たる真実です。

ほとんどの人は、他人に厳しく自分に甘いと思います。私も自分がかわいい。ですから、自分の欠点について他人から指摘を受けたとしても、認めることはなかなかできません。

たいていの場合、自分の欠点に関することよりも、他の人の至らぬ言動や欠点に気がつくことのほうが多いと思います。

他の人がどんな心理状態で、なぜそういったネガティブな感情が発生しているのか、どうしてそんな状況に陥ったのかということは、自分のことを見るよりも明確に見えることが多いでしょう。

しかし、私たちは、自分の波動域に存在しないことは一切体験できませんから、波動域にないエネルギーが自分のレーダーに引っかかることは絶対にありません。つまり、私たちの家族や友達をはじめとするすべての人間関係は、私たち自身を表現していることになります。

クレームばかり言う人が周囲にいるなと感じるのであれば、それは自分の波動域に同じ波動があるからです。浮気性の人ほど相手の浮気に敏感になると言われるのも、もともと自分の持っているエネルギーだから、他の人のなかにあるものも見つけやすいということになるでしょう。他の人との付き合いを通じてこれが一番不快だと感じる部分があるなら、それは、あなたの内に大きく存在する波動だということです。相手の波動と共振することで自分のネガティブなエネルギーが大きく増幅し、不快感が増すわけです。

たとえば「あの人の高飛車な部分が不愉快だ」と感じているとします。するとたいていの場合は、自分にも高飛車な部分があります。私たちの周りにいる人は、私たち自身の言動を鏡のように反映して見せていて、気づきを促しているわけです。「人の振り見て我が振り直せ」と、ことわざでも言われているとおりです。不本意に思うかもしれませんが、自分にとって嫌な人ほど大切な協力者なのです。しかも、その出会いは偶然ではなく、事前に仕組まれたことです。

不快な感情が相手からもたらされたときは、自分がそれに対応した周波数を使って、自分が望まない現実を無意識につくり出していることを認めることです。そして、ネガティブな波動を早めに外していくクセをつけていきます。望まない現実を拒絶するのではなく、しっかり受け止め、そこから学び取り手放してください。そうすれば、同じ波動と関わることはなくなっていきますので、体験する現実はよいものになってくるでしょう。

結果として、相手が変化したり、自分の前からいなくなったり、同じ言動に対して今までのように敏感に反応しなくなったり、さまざまなシンクロニシティが起こったり、運命や宿命さえも流動化していきます。

自分が接する人たちとお互いに同じ波動であるということは、見方を変えると、他の人をほめることは自分をほめていることに通じますし、他の人の悪口を言うことは自分に対して悪口を言っているのと同等です。会社の休み時間、いつも我先に上司や部下などの悪口を言ったり、陰口を叩いている人は、そうすることで悪口を言っている相手と同調し、ネガティブな感情が成長することになります。

反省しすぎるのも毒となる

自分に対して「いいよ、その調子、たいしたもんだよ」と、ほめたり勇気づけたりするのはとてもいいことです。また、自分を振り返って自省したり、改めようと心がけることもいいでしょう。しかし、反省も度が過ぎると、自分をサンドバッグのような状態に追い込んでしまうようになり、どんどん波動が下がっていきます。

「内観」という、自分自身を静かに見つめ直す方法があります。これは波動を上げるには確かに効果的ですが、中立な意識でおこなわないと、ネガティブな感情が浮き出てきたときに自分をジャッジしてしまい、自分をサンドバッグ化する可能性があります。ネガティブな視点で内観をするとうつ状態を引き起こしかねません。内側から自分自身を袋叩きにしているようなものですから、自分を全面的に拒絶しているのと同じです。そんな状態ではヒーリングが起こることはないとわかるでしょう。内観をする場合は、信頼のおける指導者について正しくおこなうことが大切です。

自分を好きになる

鎌倉で開業医をしている、ドクタードルフィンこと松久正先生は、DNAの2重らせん構造について、本当は、目に見えないものを含めると12重らせん構造になっていると『松果体革命』（ナチュラルスピリット）に著しています。この説は最近とても話題になっており、テリー・サイモン著『アシュタール・コマンド　魂がふるえる人生のブループリント』（ヴォイス出版事業部）や、並木良和著『ほら　起きて！　目覚まし時計が鳴ってるよ』（風雲舎）でも取り上げられています。いまだ完全に解明されていませんが、おそらくこの説が真実なのではないかと思います。

2重らせんDNAの塩基配列（分子の構造）は現代医学によってすべて解読されていますが、機能がわかっている部分は12・5％に過ぎず、残りはなんのために存在しているのかさえもわかっていません。

その現在の学説で不明な部分は、12重らせん構造説では次のように説明されます。

まず、2重らせんDNAにはいつ、どこで、どのように体をつくるか等の「体の設計図」に関する情報が、そして、4重らせんDNAには心臓、肺の動き、消化・吸収・排泄等の「体の働かせかた」に関する情報が、6重らせんDNAにはいかに体を治すか、傷をどのように塞ぐのか、毒や細菌をどのように撃退するのか等の「体の治しかた」に関する情報が、8重らせんDNAにはどういう体の体質か、何歳でどういう病気になるか等の「体のシナリオ」に関する情報が、10重らせんDNAにはどのような感情や性格、どういう能力を所有するか等の「感情、性格、能力」に関する情報が、12重らせんDNAにはどのような職業につくのか、どのような経済的状況を味わうのか、どのような家庭を築くのか、何歳でどのような人と関わるのか等の「人生のシナリオ」に関する情報が格納されているというのです。

松久正先生は、患者さんの高次元である4重らせんから12重らせんDNAの一部を書き換えることで、さまざまな難病を一瞬にして治しています。もちろんこの治療は、本人の意識の深いところで合意した部分のDNAだけが対象になります。

松久先生の診療所は、駆け込み寺としてたくさんの患者さんが訪れ、1日に60〜80人を診察し、待ち時間はなんと6年だったときもありました。精神疾患まで治ったり、髪の薄い男性の頭に一瞬にして産毛が生えたり、胸を大きくしたい女性が一瞬でそれとわかるほど大きくなったりと、神がかり的なことが起きているといいます。

私が松久先生の講演会に出たときは、どのような目標を事前に立てて地球に転生してきたか（これについては「宇宙編」で説明します）、全員の潜在意識をリーディングされました。すると、共通するテーマが3つほどあることがわかり、そのなかでもっとも重要度が高いのが、「あるがままの自分を認め、無条件の愛を受け入れる」というものでした。

ところが、私たちは地球で何度も生まれ変わりながらさまざまな信念が植え付けられたり、執着を身に付けたりしたことで、本来の目的をまっとうすることなく忘れつつあるそうです。

長所も短所もある不完全な自分を100％認めることは、すなわち自分を好きになることです。自分を好きになり信じることができれば自信につながり、自分に自信を持ててはじめて、相手を受け入れ信用することができます。

地球はネガティブな惑星です。自分のこんなところが嫌だとか、どうして自分はそうなんだろうと思う気持ちは地球の波動であり、本来の私たちのものではありません。私たちは、誰もが100％ポジティブな存在なのです。

誠実であること

上海の部下が入社してから間もなくして来日し、3ヶ月の研修を受けたときのことです。部下が提出したレポートに対して私が返信した電子メールを紹介したいと思います。

※　　※

欧米の企業において、人事考課の指標として今まで「専門性」が高く評価されてきましたが、それが変わってきました。現在は、専門性に加え人となり（人格）が重視されるようになりました。そのなかでもっともウェイトが大きいのが「誠実」で、このなかにはいろいろな要素が含まれています。

1・謙虚：会社の社員や取引先とのつきあいを通じて、あるいは書籍やネットなどの情報のなかで、自分にとって有用であると思われることを素直に学び吸収する能力です。虚勢を張ったり、自慢や慢心はこれを妨げるものであり、控えなければなりません。

2・公平性：誰とでも分け隔てなくつきあえることです。相手の肩書や仕事の出来不出来、好き嫌いで対応を差別してはいけません。

3・責任感：仕事上でのトラブルや、窮地に陥ったときには、果敢に取り組む姿勢が大切です。そこで1度でも逃げてしまえば、相手の会社や人からの信頼感が一気に消失し、これを回復するにはたいへんな労力が必要になります。

4・感謝：日常生活のなかで、自分の身の周りに起きるさまざまないいできごとを、当たり前と考えずありがたいと考えましょう。ありがたいと感じたときに、思うだけでなく、態度や言葉に出して表現します。相手に伝わることでいいエネルギーが放射され相手が癒され、結果として運気が上がっていきます。怒りは二次的な感情と言われています。根底には不安、寂しさ、落胆、悲しみ、悔しさなどがあり、それらが怒りの引き金になっています。怒りの感情のコントロールはとても難しいですが（私も十分にできません）、これらを踏まえて上手に出すことが必要です。感情はエネルギーであり、怒りの気持ちを意識的に抑え込むと病気になる可能性がありますから適度に発散させましょう。恨みの感情は持ってはいけません。なぜならもっともマイナスエネルギーが高い感情だからです。

5・約束や期限を守る：相手との信頼関係をつくる上でたいへん重要です。逆に言えば、安請け合いはしないことです。もし、どうしても期限を守れない場合は事前に相手に連絡し、理由と新たな日程を伝え相手の承認を得ます。

最後に、インサイドアウトとアウトサイドインについて説明します。

アウトサイドインとは、仕事がうまくいかなかったり、トラブルが発生したときに、自分のことはさておき会社や上司、その他外部要因に原因があるとして、行動しないことを意味します。

逆にインサイドアウトとは、問題解決のために自分から責任を持って果敢に行動し、周りにいい影響や刺激を与え、行動を後押しすることです。

当社には、優れた技術、優れた製品、優れたビジネスモデルがありますが、それだけでは業績を上げることはできません。社長をはじめ社員の意識が変わり、結果として行動が変わったときに会社は変化し、業績にそれが反映されていきます。Ｆさんはいいタイミングで、素晴らしい会社に入社されたと思います。上海〇〇〇は、中国のエレクトロニクス産業のイノベーションに大いに貢献する高収益企業に必ずなります。一緒に経験値を上げながら社会に貢献し、ともに人格を上げていきましょう。

以上、そのままの文章を載せました。

※　※

笑いについて

笑う門には福来るといいます。

笑いは、人間関係だけでなく、健康や私たちの可能性にも大いに関わるものです。

筑波大学の村上和雄博士は、遺伝子工学の世界的な権威として知られ、高血圧を引き起こす原因となるレニンや、イネのＤＮＡのすべての塩基配列を解読するなど、さまざまな功績を残され、『遺伝子オンで生きる』（サンマーク出版）をはじめ、たくさんの書籍を出されています。

村上博士は、笑いがＤＮＡのスイッチをオンにできることを実験で証明しています。常に働いているＤＮＡはすべてのＤＮＡのうちの３％しかありませんが、残りの「ジャンク」と呼ばれるＤＮＡのなかでよい働きをするもののスイッチを意識的にオンにできれば、人間の可能性はどこまでも拡がると述べています。

博士の実験例を紹介します。

糖尿病患者に対して昼食後の40分間に、1日目は医学部教授による「糖尿病に関するおかたい講義」を、2日目は鈴々舎馬風さんの「おもしろい落語」を、それぞれ聞かせます。終了した後に採血をして血糖値を測定し、おのおのを比較しました。その結果、笑うことで食後の血糖値上昇が抑えられた人が多く、さらに、23個のDNAの働きが笑いによってオンになっていることもわかったそうです。

笑いについてのバシャールからのアドバイスです。

笑うことはとても大切です。ネガティブ域から一気にポジティブ域へと駆け上がるのに一番の特効薬かもしれません。

ふつう、ネガティブ域から一気にポジティブ域へジャンプすることはできません。できたとしても、一瞬のうちに押し戻されてしまいます。

毎日、眠る前に自分自身を笑い飛ばす瞬間を見つける習慣をつくりましょう。失敗したことでも、なにかとちったことでもかまいません。自分を「かわいいやつ」と言って、自分を認め、笑い飛ばしてあげましょう。

そうすると、自分のなかに存在していたこわばったエネルギーが溶け出し、シコリになりつつあったわだかまりがきれいに浄化されていきます。自分を笑うことで、意識内を自分のエネルギーで浄化してあげるのです。

笑いは、ぎっしりと密着したエネルギーにすき間をつくり出してくれます。すき間があるから新しいエネルギーが入って来られるようになり、新しい機会がやって来るのです。自分自身を笑い飛ばすことです。細かなことに気を取られず、新たな自分をどんどん成長させていきましょう。

私は、ネガティブ波動を外すエクササイズをはじめてから、ワクワクウキウキする時間が多くなりました。よく笑い、周囲にもそれが伝染します。そうして周りの波動が上がることで、相乗効果でさらに物事がよくなっていきますし、一体感も感じられます。

ネガティブ波動を外すと人間関係が劇的に好転する

私は喜怒哀楽が激しく、やたらと正義感が強い性格です。

最初に入った会社では、その性格が災いして常に出る杭となり、傲慢な態度で、無責任な上司や取引先に対して怒り、戦ってきました。今の会社に入社してからも、社長に対して失礼な言動を繰り返したり、社内の人間と何度も激しく口論したりしていました。台湾のビジネスパートナーであり親友のNさんとも、とても仲がいいのに、毎月会っては激しい舌戦をくりかえしていました。

一生この性格はなおらないと、自分自身でさじを投げていたくらいです。

ところが、ネガティブ波動を外すエクササイズをはじめてから、自分の周りに起こる現象がほぼ180度変わりました。怒りたくなるできごとがほとんどなくなってしまったのです。

特に、台湾のNさんとの舌戦がまったくなくなったのです。彼はとても流暢な日本語でよくしゃべり、こちらの話をほとんど聞いてくれなかったのが、私の言葉に耳を傾けてくれるようになったので、私は彼相手に議論を戦わせる必要がなくなりました。

また、上海の部下のF君ともよく口論していましたが、それもなくなってしまいました。社内でやり合うこともまったくなくなり、関係がよりよい方向に強化されたと感じます。

きっと、穏やかな性格になったことに一番驚いているのは妻でしょうね。

実用編/健　康

すべての病気は波動である

これまでにも何度かアドバイスを紹介しましたが、バシャールと呼ばれる知的集合体がありま す。私たちに比べて、地球の時間で300年ほど進化している地球外生命体で、私たちの親戚でもあります。詳細は宇宙編でもう一度説明しますが、かれらの世界には病気そのものが存在しません。波動が高くて病気になりえないのです。

病気とは地球特有のものです。地球に住む限り、私たち人間だけでなく、すべての生き物が発症する可能性があります。波動編で詳しく説明しますが、この世に存在するすべてのものは波動ですから、病気も波動です。そのことについて、事例を挙げて説明したいと思います。

ドイツ波動医学

ドイツ人のパウル・シュミットはエンジニアで、世界的に有名な掘削マシンの製造会社であるトラクトテヒニーク社を創業した人物です。発明家として生涯に300以上もの特許をとり、起業家・実業家として成功を収めました。

土地の掘削作業には、掘る位置を決めるに当たって、地下にある断層や水脈を避けるため、その有無を事前に確かめる必要があります。彼はそれを、「ダウジング」という方法で調査していました。ダウジングとは「放射感知術」とも呼ばれ、地表に現れていないものを探し出すために古くから用いられてきた手法で、L字型やY字型のロッド（ペンデュラム）を手に持ち、地面にかざしながら歩くと、その場所の上ではロッドが動いてその存在を教えてくれるというものです。そのメカニズムは科学的に証明されていませんが、波動の影響であると考えられてきました。

彼は、ダウジングをヒントに、すべてのものは固有の周波数の波動を持つことに注目し、バイオレゾナンス（生体共鳴）という独自の理論を確立しました。人体を構成する目、鼻、耳などの器官、脳、心臓、胃、腸などの臓器、筋肉や骨、髪や皮膚、爪の細胞一つひとつ、また、医師の協力を得たことで、さまざまな病気の症状にも固有の周波数があることがわかり、波動の共鳴を応用した治療法を完成させたのです。詳細は、『パウル・シュミットのドイツ波動健康法』（ビオ・マガジン）を参照してください。

この波動医学は、2013年の時点で、世界6000ヶ所の医療関連施設で導入されており、ドイツ国内では、家庭でも6万人が実践しています。

日本の医療現場でも導入が少しずつ進んでいます。

実際にどうするのかというと、最初に自覚症状や生活習慣などを問診してから、波動走波器（センサー）を使った波動チェックをおこない、共鳴周波数を見つけます。気（生命エネルギー）が全身をスムーズに流れている状態が健康ですから、気の滞りの周波数が見つかれば、病気を引き起こした根本原因が明らかになります。その波動を見つけ出し、治療するのです。アレルギーなどは、施設にもよりますが、85％ほどの治癒率だといいます。

共鳴周波数はひとつとは限りません。臓器の固有振動数を例に挙げると、胃73・00Hz、心臓40・00Hz、肝臓56・00Hzと56・25Hz、腎臓54・00Hz、すい臓26・00Hzと52・00Hz、子宮88・00Hz、前立腺19・50Hz、胸腺69・00Hzと79・00Hz、大腸61・00Hz、神経25・00Hzなどです。

また、ドイツには、宇宙のパワーが広がる聖地として知られるヴォルムバッハ教会があります。そこを中心に1000Hz前後の周波数の波動が放射状に幾重にも放射されていて、病気が治る場所として語り継がれてきました。日本からも調査団が訪れ波動を測定したところ、ドーパミン（脳内物質。覚醒作用がある）とよく似た構造の神経伝達物質であるアセチルコリンと同じ周波数が発見されたそうです。

波動走波器は必要な波動を選び送信することができますので、パワースポットの波動を測定してから再現することで、自宅にいながらにして精妙なエネルギーを受け取ることもできます。

ホメオパシー

ホメオパシーは、代替医療や民間療法に属する治療法で、200年以上前に、ドイツ人の医師ザームエル・ハーネマンが「同種のものが同種のものを治す＝毒をもって毒を制す」という原理に基づいて治療方法を確立したものです。

ハーネマンが、当時すでに普及していた抗マラリア薬であるキニーネを自分自身に投与したところ，マラリア患者の症状に似た作用があらわれたことから、患者に対して、その症状と類似した症状を引き起こす物質からできたレメディ（薬）を使って治療をおこなうことをはじめたのだと言われています。

彼は、医薬品の大量投与は病状の悪化を引き起こすものであり、薬の効能は希釈することで高まるとするユニークな理論を打ち立てました。たとえば、不眠で悩んでいる人に対して、カフェインを含んだコーヒーからつくられるレメディで不眠の治療をする、といった具合です。

現在では3000種類以上のレメディがあり、原材料の約65％が植物由来です。レメディにはその他にも、動物、鉱物、ハチの毒などがあります。

それらの原材料をアルコールに浸して、抽出したチンキ（アルコールで薄めた液体）を、蒸留水で希釈します。極限まで薄めたうえで容器を激しく振り、手に打ち当てるなどして衝撃を与えてつくられるのがレメディです。

希釈濃度は、一番最初のチンキ（マザーチンキ）を100倍に薄めたものを1Cとしてあらわし、効力をポテンシーという言葉であらわします。

ポテンシーは希釈を繰り返すほど強くなります。一般的に治療に用いられるポテンシー30Cのレメディは、マザーチンキを10の60乗倍に希釈したものです。

一番軽い水素原子の原子量は1ですから、水素原子がアボガドロ数である6・02×10の23乗個集まると1モル（1グラム）になります。アボガドロ数は、先ほどの30Cの希釈倍率と比べるとはるかに桁数が低くなりますので、理論上、レメディのなかに元の物質の分子やイオンはひとつも含まれていないことになります。

希釈を繰り返し、振って衝撃を与えることで物質の持つ固有のエネルギーが解き放たれ、波動として水に転写されたレメディが、病気の人や動物のエネルギーに働きかけ、自然治癒力を高めるのです。

レメディのなかにはトリカブトやヒ素のように、一般的に毒薬とみなされているものもありますが、体に害のないレベルまで希釈されていますから、問題はありません。

ホメオパシーの治療の対象は、冷え症、肩こり、腰痛、頭痛、不眠症、眼精疲労、整形外科、消化器、循環器、泌尿器、呼吸器、脳、うつをはじめとする精神疾患、皮膚疾患など多岐に渡ります。これらすべてが波動を原因とし、波動を利用した治療法によって治癒されているのです。

病気になりやすい人

子供のころ、風邪を引いて学校を休んだときにリンゴをすってもらったり、汗を拭いてもらったりと、至れり尽くせりの看病をしてもらった経験はあるでしょうか。私の実家は専業農家で、父も母も野良仕事に出ていましたので、私は、おばあちゃんに手厚く面倒をみてもらいました。そんなときは周囲もたいてい優しくしてくれるもので、子供心に、病気になることはいいもんだ、と感じた人も少なくないと思います。

大人になっても、今日は定期検診だから、人間ドックだから、1日ゆっくりできるなど と、病院で話し声を聞いたことがあるでしょう。病気になると、いつもと違ってみんなが気にかけてくれたり、心配してくれたり、お見舞いに来てくれたりします。

そうした注目や優しさはとても気持ちのいいものですから、顕在意識で「病気はしたくない、治りたい」と思っていても、潜在意識が病気になることを望んでしまうことがあります。自分が病気になることを意識の深いところで決めてしまっているわけです。これが、病気になりやすい人の奥底にあるものです。

さらにもうひとつ、病気は本人に対する大切なメッセージでもあります。ですから、自分の本心に沿って、素直に正直に生きているかどうかが問われ、その結果が、健康や病気という形に具現化されて、本人の精神や体にフィードバックされます。

つまり、病気になりやすいということは、自分に嘘をついて生きていたり、心のままに自分を出すことができず、ありのままの自分から外れているのだということでもあります。それを気づかせるために病気が起こっているのです。

このことを素直に受け入れるプロセスが大切です。そこから治癒がスタートすると言っても過言ではありません。

病気を治す

ネガティブな感情が自分に悪影響をおよぼすとわかれば、他人に向ける「怒り」「恨み」「憎しみ」「ねたみ」「呪う」などの意識が強力なネガティブ波動となって、自分にはね返ってくるとわかると思います。また、自分自身に対して「罪悪感」「自虐的」「無価値感」「自己卑下」などのネガティブな感情を向ければ、それが具現化され悪い影響が出ます。

もともと私たちは、無限の可能性を持った100%ポジティブな存在なのです。そのことを意識しながら、「実践編」で説明したネガティブ波動を手放すエクササイズをおこなってください。病気で治療中の方は、エクササイズを続けながら、仕事、人間関係、金運なども含めて、自分自身の変化を注意深く観察するようにしてください。家族や会社での人間関係がよくなってきた実感があれば、病気は治癒の方向にあります。

すべての根源は同じ波動ですから、波動が整っていけば、すべてに対してプラスに作用します。エクササイズをすることのないまま、病気が治ることをイメージしたり願ったりしても、それが叶うにはとても長い時間がかかるでしょう。自分のなかがマイナスのもので満たされているまま、豊かさや健やかさが欠乏した状態で健康を引き寄せようとしても、それはかなわないからです。

エクササイズを続けてネガティブな感情を少なくすれば、結果的に心が穏やかになり、豊かになります。そうなると、その波動に対応した現実が自然と引き寄られてきますので、病気は治癒する方向に向かわざるを得なくなるのです。

私は30年来、神経痛の持病がありました。風邪を引いたときや、特に冬場など、夜昼にかかわらず痛むのです。ずきずきと針を刺すような痛みが体のあちこちで不規則に発生し、そのたびに体をこわばらせることになっていました。そんな私の常備薬はバファリンで、体の調子が悪いときはなんでもこれを飲んでいました。プラシーボ効果もあいまってなんにでも効き、神経痛にも効きましたから、出張するときは必ず携帯していました。

ところが、ネガティブ波動を外すエクササイズをはじめてからは、常備薬を一度も飲んだことがありません。たまに少し痛みを感じることがありますが、我慢できる程度に収まるようになりました。波動の力を実感しています。

体の不調を感じたり、痛みを感じたりしているときは、私たちの波動は低い状態にあります。楽しい会話をしたりテレビを見て笑ったりしているときに一瞬でもそのつらさを忘れることができるのは、そのときだけは波動が高くなっているからです。ネガティブな波動がなくなっていくことで私たちは浄化されていきます。波動を高めると、病気の波動域から少しずつ離れていくことができるのです。

花粉症を治すためには

新宿溝口クリニックの医院長である溝口徹先生は、子供のころからひどい花粉症だったそうで、自分が生き証人となって治療法を確立したそうです。その溝口先生の著書『花粉症は1週間で治る!』(さくら舎)から一部を引用、要約してご紹介します。

以下のとおり、いろいろな花粉が季節を巡りながら飛んできます。

1~5月	ハンノキ、クヌギなど
2~5月	スギ
2月後半~5月	スズメノテッポウ、スズメノカタビラ
3~5月	ヒノキ
8~11月	ブタクサ、ヨモギ、カナムグラなど

これ以外にもハウスダストやPM2・5などの大気汚染の影響もあり、ほぼ1年を通じて不快な症状を訴えている人が少なくありません。花粉症は今や国民病であり、薬で完治させることが困難であることはみなさんの共通した認識です。

溝口先生は薬による対症療法ではなく、栄養療法による体質改善を目的とした「オーソモレキュラー（整える分子）療法」と呼ばれる方法を20年にわたり実践しています。おもしろいことに、花粉症を治すことで、同じアレルギー性疾患であるアトピーや喘息なども快方に向かっていきます。この療法は、カナダの精神科医であるエイブラム・ホッファー博士が治療法を確立し、ノーベル賞を2度受賞したライナス・ポーリング博士によって世に広められました。細胞を構成している分子が異常を起こすために、花粉症などの病気が起こるととらえ、細胞に十分な栄養を与えて本来の機能を取り戻させることで、自然治癒力を引き出して回復させる療法です。

この療法のよいところは「これは食べてはダメですよ」といったものが少ないかわりに、「もっと食べましょう」といったものが多く、ストレスを感じないことです。基本は次の7つで、とてもシンプルです。

●タンパク質を十分にとる（乳製品は控える）。体の組織や臓器を構成しているのは細胞であり、すなわちタンパク質ですから、おのずとメインになります。鶏肉、豚肉、牛肉、魚、大豆などをまんべんなく食べます。体重が50kgの人であれば毎日牛肉にして250g以上食べるようにします。

●質の良い脂質をとる。誤解している人が多いのですが、カロリーと肥満の間には相関関係はありません。オメガ3系脂肪酸（青魚の脂、しそ脂、あまに脂、えごま油、くるみ）や、オメガ6系脂肪酸（紅花油、ごま油、コーン油）をとるようにしましょう。特にオメガ3系が不足しがちですから、そちらを意識してとることで体内バランスを調整するようにします。また、「マーガリン」「ショートニング」「ファットスプレッド」「加工油脂」と記載されているものは人工的につくられた油で、体に有害なトランス脂肪酸が含まれていますから、とらないように心がけてください。菓子パン、クッキー、ケーキ、アイスクリームなどによく含まれているので注意しましょう。

●糖質は控える。ごはん、パン、麺類、ピザ、菓子、いも類等の炭水化物は、腸内で悪玉菌のエサになり善玉菌が減少するため、できるだけとらないようにします。これが一番むずかしいと思いますが、「腸内環境を整える」の項で代替案を後述します。

●ビタミンDをとる。ビタミンDは、花粉症を克服するための最強の武器であり、アレルギー症状を抑えることができます。基本的にはサプリメントでとりますが、含有量の単位がIUになっていることに注意してください。1日2000IUをめどにとります。早ければ1日で効果を感じることができると思います。私は大塚製薬のネイチャーメイドスーパービタミンD（1粒1000IU）を1日4粒とっています。

●腸内環境を整える。さまざまな免疫物質は腸内で生まれます。後述しますが、腸内の善玉菌を増やすために、その栄養素である食物繊維をたくさんとるようにします。野菜、海藻、きのこを食べるようにし、足りない場合はサプリメントで補いましょう。

●女性は鉄、男性は亜鉛をとる。鉄は腸や鼻、目などの粘膜を丈夫にしてくれます。女性はどうしても不足がちですから、サプリメントを利用しましょう。亜鉛は、免疫の働きを高め、粘膜の働きを高めて花粉やウイルスの侵入を防ぎます。こちらは男性のほうが不足しがちですから、気を付けてとるようにし、足りなければサプリメントで補います。

●体にとって理想的な量をとる。厚生労働省の示す、食事でとるべき栄養素の量は最低限の数値です。花粉症を克服するためには多くの栄養が必要になります。自分の体と向き合って決めることが大切です。

私も小学校低学年のときから花粉症（当時はこのような言葉はなく、アレルギー性結膜炎とかアレルギー性鼻炎という病名でした）に悩まされており、病院に通っていました。特にスギ花粉の飛ぶ時期は症状が悪化し、60才を過ぎても、症状が軽くなることはあれど、治ることはありませんでした。

しかし、溝口先生の著書『花粉症は1週間で治る！』に書いてあるとおり、ビタミンD

のサプリメントを主体に、亜鉛のサプリメント、タンパク質、脂質をとり、腸内環境を整え、糖質を抑えること、これらを実行したら、1週間で花粉症がほとんど治ってしまいました。あれだけ辛かったのが嘘のようです。

私の会社に打ち合わせに来た川崎市の職員の方が花粉症だというので、溝口先生の著書を紹介したのですが、その方も1週間で花粉症が治ったと喜んでいました。

確実なダイエット法があった!

会社の昼休み、同僚と昼ごはんを食べに行きました。ひとりは「ダイエット中だからサッパリとざるそばにしたいな」と言い、もうひとりは「スタミナをつけたいから油ギトギトのステーキをガッツリ食べたい」と意見が分かれました。さて、どちらが太る食事だと思いますか。意外にも、ざるそばを食べたほうが太るんです。

肥満は、糖尿病や動脈硬化、心臓疾患、高血圧、がんなど、さまざまな生活習慣病の原因になります。身長と体重のバランスを維持することは加齢とともにより大切になってくる問題でしょう。

私が55才のときに息子と娘が同時に巣立ちました。夕食は以前から私と妻が交互につくっていましたが、二人になってからもつくる量はあまり変わらなかったため、たくさん食べるようになり、そもそも中年太り気味だったのがさらに太っていきました。

私は、やせるためにさまざまな運動を取り入れ、散歩を習慣にしましたが、一向に効果が上がりません。ほとほと困り果てて、健康に関する書籍を読んだところ、牧田善二先生の『医者が教える食事術　最強の教科書』（ダイヤモンド社）や、京都の高雄病院の医院長である江部康二先生の『主食をやめると健康になる　糖質制限食で体質が変わる！』（ダイヤモンド社）、そして先ほども紹介した溝口徹先生の『花粉症は1週間で治る！』のなかで、炭水化物が太る原因であり、健康を阻害していることが指摘されていました。

人類の約700万年の歴史は、狩猟採集の歴史でした。魚や肉、昆虫、野草、海藻、きのこ、木の実などを主食とする生活が基盤で、これらには糖質がほとんど含まれていません。人類は、最新の1万年だけが農耕の歴史です。麦や米、芋類を栽培し、炭水化物が主食に変わりましたが、私たちの消化器官はまだ穀物ベースの食物に対応していないのです。私たちは、本来的に炭水化物を食べる生き物ではなかったということです。そのために、炭水化物によってさまざまな弊害が起きてくるのです。

ご飯やパンや麺などの炭水化物は、胃や腸で消化されるとまずはブドウ糖（グルコース）と呼ばれる糖に変わり、血中に血糖として循環します。血糖値が上がっていきますので、それを抑えるためにすい臓からインシュリン（別名は肥満ホルモン）が分泌され、ブドウ糖はグリコーゲン（貯蔵多糖と呼ばれます）へと変化し、肝臓や筋肉の細胞に蓄えられます。余ったブドウ糖は中性脂肪に変わり、脂肪細胞に取り込まれます。つまり、中性脂肪は使いきれなかったエネルギーと考えられます。この仕組みからも、炭水化物を取りすぎると脂肪が増え、太るとわかります。

炭水化物には糖質と食物繊維が含まれており、ご飯は一膳がだいたい１５０ｇでその中に糖質は55ｇ含まれています。江部康二先生の『主食をやめると健康になる　糖質制限食で体質が変わる！』によれば、糖質を１日に60ｇ以下に抑えられれば体重が減っていき、１２０ｇを超えると太り出すということです。

糖質過多による病気でみなさんが一番よく知っているのは糖尿病だと思います。これは大人だけではなく、子供が清涼飲料水などの甘いものをたくさん飲むことでも発病することがあります。

缶コーヒーや清涼飲料水には非常に糖質の多いものがあります。あるゼリー飲料一袋１８０ｇのなかには糖質がなんと45ｇ（角砂糖11個分）も含まれています。

糖質をとると血糖値が上がり、セレトニンやドーパミンといった脳内物質（脳内麻薬と呼ばれます）が分泌されます。健康な人の血糖値は空腹時で80～90㎎／㎗で、ごはんやパンを食べると1時間後に120㎎／㎗まで上がり、インシュリンによって次第に下がってきます。

しかし、缶コーヒーや清涼飲料水の場合は、血糖値がすぐに上がり、30分後には140㎎／㎗にまで急上昇します。脳は興奮状態となり、気分が高揚してきます。そこでインシュリンが大量に分泌され血糖値を一気に下げようとしますが、今度はオーバーシュート（下げすぎる）させてしまいます。

この効果で血糖値が70㎎／㎗を下回ると自律神経が働き、血糖値を上げようとする反応が出てきます。具体的には冷や汗、動悸、手足の震え、不安感、悪寒、集中力がなくなる、脱力感、眠気、めまい、目のチラツキ、イライラ、頭痛、吐き気などの症状が出て、気分が落ち込んできます。ちょうど、うつのような感じです。

糖質の高い飲み物を飲んだり、どか食いをすると、血糖値の上昇のスピードにインシュリンがついていけなくなり、それを取り戻そうとするためにオーバーシュートが起こります。このように、糖質を一気にたくさんとることを続けていると、急激な体内の変化ですい臓が疲弊し、ついにはインシュリンを出さなくなってしまいます。これが糖尿病です。

缶コーヒーや清涼飲料水のメーカーはそのメカニズムを知っており、糖質の量を脳が興奮するまで絶妙に増やすことで私たちを常習化させ、シェアを拡大しようとしている可能性があります。もしそれが真実であれば、罪深いことだといえるでしょう。

血糖値の上昇は糖尿病以外にもいろいろと悪い影響があります。高血圧、心筋梗塞、脳梗塞、ガン、老化なども血糖値が起因していると言われています。

しかし一方で、普段の食事で糖質をとらないようにすることはほぼ不可能です。ほとんどの食材に大なり小なり糖質は含まれているわけですから。

あくまで私自身の経験ですが、低血糖による症状はまったくありませんでしたし、むしろより健康体になりました。関連書籍にも弊害の強く出た症例は載っていませんでしたから、案ずるより産むが易しではないかと思っています。

さて、今まで長いあいだ脂肪は悪者呼ばわりされてきました。カロリー制限といえば脂肪の摂取を少なくするのが決まりごとのようになっていました。しかし、肥満とカロリーには因果関係がないことが最近分かってきました。私たちのエネルギー源はブドウ糖やグリコーゲンだとずっと思われてきましたが、実際は、脂肪が代謝されて肝臓でつくられる、ケトン体と呼ばれる物質が主なエネルギー源だとわかってきました。エネルギー効率もグリコーゲンと比べるとはるかに高いのです。私たちは日常的に脂肪を燃やして生活し、いざ激しい動きをするときなどにブドウ糖やグリコーゲンを使っています。

また、脳のエネルギー源もブドウ糖だけではなく、ケトン体も利用されています。ケトン体は分解されて小さくなっているため（分子量が小さい）、血液と脳の間にある関所である「血液脳関門」を通過して脳に達することができます。

脂肪をたくさん食べても、便として出ていきますから、中性脂肪と違って体には残りません。私たちの細胞を覆う細胞膜は脂質でできていますから、むしろ、質の良い油をとることはとても大切なのです。

オリーブオイルには生活習慣病の予防効果があるとされるオレイン酸がたくさん含まれており、体にとてもいいと牧田先生や江部先生の著書にもあります。

私はこれらの本の記述に基づいて、２０１８年4月からダイエットをスタートしました。あわせて、ウエストを細くするために朝の５分間を使ってストレッチをはじめました。

ストレッチのために参考にしたのは、植森美緒著『30秒ドローイン！　腹を凹ます最強のメソッド』（高橋書店）です。植森さんの本は、ボディビルダーで世界選手権第3位に入賞したことのある、東大の石井直方博士が監修しています。効果的にお腹を引っ込め、

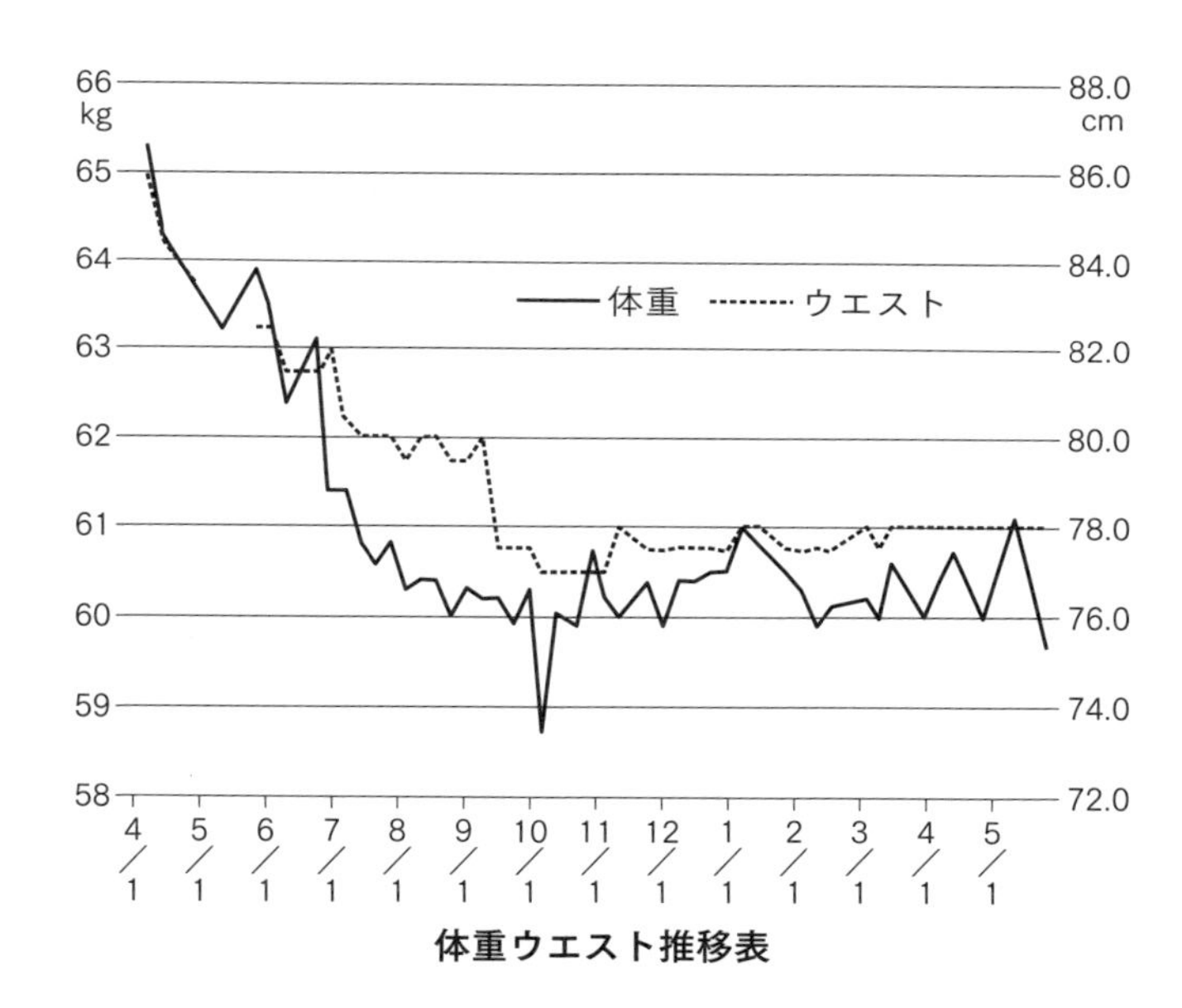

体重ウエスト推移表

逆三角体形になるやり方が書いてあります。

はじめる前、私の身長は170㎝で、体重は一番多いときで66㎏でした。ウエストは最大88㎝、それまではいていたズボンがすべてはけなくなっていました。

ストレッチをはじめた後の推移をグラフにしてみました。

4ヶ月で体重はほぼ60㎏へ、ウエストは78㎝まで細くなり、その後はずっと安定しています。

腹は、SIX PAC（腹の筋肉が割れた状態）まではいきませんが、胸囲が92から93㎝に増えたことで逆三角形に近い体格になり、年齢の割にはいい体つきになったと思います。海外出張のときなど、シャワーを浴びた後に姿見に映った自分の上半身を見てはウットリしている気色悪いおじさんをしています。

上海の部下も一緒にダイエットをスタートし、彼の体は85kgから75kgに減少しています。一緒に励ましあってダイエットを続けてきました。

ダイエットには、もう一つの効用もありました。私は長年腰痛持ちだったのですが、ストレッチとネガティブ波動を外すエクササイズをはじめてから、症状がまったく出なくなりました。

腰痛にはいろいろな原因があるとされています。姿勢の悪さや、一定の姿勢を続けること、過度の運動、筋肉の衰えや骨の老化、内臓疾患、ストレスなどです。

私は毎朝のストレッチで、腰痛の予防に効果があるとされるスクワットを30秒間していますから、このストレッチと波動の浄化との相乗効果により、腰痛がよくなったのだと思っています。

腸内環境を整える

溝口先生の『花粉症は1週間で治る！』（さくら舎）、藤田紘一郎先生の『一生太らない体をつくる「腸健康法」』（大和書房）、鈴木祐さんの『最高の体調』（インプレス）には、腸内環境の大切さが書かれています。特に藤田先生は、ご自身の肥満と糖尿病を、腸内細菌のバランスを変えることで克服されました。

私たちの腸には、数百種類、１００兆個の腸内細菌が棲んでいます。胃にも腸にも腸内細菌はいますが、特に大腸にたくさんいます。私たちの細胞が37兆個ですので、その3倍弱もあります。重量もなんと１・５〜２kgにもなります。

便に含まれる食べ物の残りカスは15％ほどで、残りは腸内細菌やその死骸、そして水分です。

腸内細菌は、日和見菌が75％を占め、残りが善玉菌と悪玉菌です。日和見菌はバクテロイデスや毒性を持たない大腸菌で、人間でいうところの風見鶏のようなもので、勢力の強い菌の味方をします。善玉菌の代表は乳酸菌、酪酸菌、ビフィズス菌などで、免疫力を高めたりビタミンB群やビタミンKを合成したりします。悪玉菌の代表はウエルシュ菌やぶどう球菌で、腸内を腐敗させて免疫力を下げたり、毒素や発がん性物質をつくったりします。

腸内細菌のエサは主に食物繊維ですが、食物繊維をエサにしているあいだは、大腸菌は増えもせず、悪さをせず、むしろ体に良い働きをします。炭水化物は悪玉菌のエサになります。以前は、食物繊維に栄養価はないと言われていましたが、食物繊維そのものが、5大栄養素（タンパク質、脂質、糖質、ビタミン、ミネラル）に続く第6の栄養素の仲間入りをしました。

藤田紘一郎先生は2ヶ月で10kgの減量に成功したのですが、減量前後の腸内細菌を取り出して分析したところ、太っていたときには悪玉菌が多くなりがちだったのに、痩せてからは善玉菌が安定して優勢になっていることがわかったそうです。

興味深いことに、腸内細菌のバランスはだいたい生後1週間で決まってしまい、それ以降は変化しにくいのだそうです。ですから、腸内環境を整え維持するためには、繊維質を多く含む食材やサプリメントを継続して取る必要があります。さらに、ヨーグルトやキムチ、野沢菜漬け、納豆、味噌などの発酵食品を特定のものに偏らずにとることが大切です。

というのは、それぞれの食材に含まれる細菌が異なっており、腸内細菌の多様性を保っためにバランスよく食べることが必要だからです。

私のオススメのサプリメントはプロバイオティクスと呼ばれるもので、整腸剤の仲間です。また、慢性的な下痢や便秘にはビフィズス菌がもっとも有効ですし、早めの効果を体験するには、乳酸菌、酪酸菌、糖化菌がよいと言われます。具体的には、「ビオスリーＨｉ錠」（武田薬品工業）、「Probiotic-3」（Advanced Orthomolecular Research ＡＯＲ）、「カルチュレル 30ベジカプセル」（Healthland）、「ＮＯＷ サッカロミセス」（ブラウディ）などです。

私は、次に説明する食事メニューのとおり「ビオスリーＨｉ錠」と「生きて届くビフィズス菌」を取り入れました。私の場合、今まで睡眠不足や深酒をしたりするとてきめんに下痢をすることが多かったのですが、それがまったくなくなり、快食快便になりました。とても驚いています。

ここで、私の食事メニューをご紹介します。朝は１００ｇの生キャベツ（藤田先生のオススメです。食物繊維とビタミンが豊富）＋卵焼きか焼き魚（シャケ、アジの開き）を毎日交互＋納豆か低糖質ヨーグルトを毎日交互です。

昼は、会社にいるときは、１００ｇの生キャベツ＋おかず＋主食の代わりに豆腐やローソンで売っているブランパン（糖質2gのパン）などです。海外出張時、主食を食べざるを得ない時は、食物繊維のサプリメント（大塚製薬の「賢者の食卓」。食物繊維は糖質の吸収を抑えてくれます）を先に飲みます。

夜は生キャベツ100gと、おかずとお酒です。

生キャベツは刻んでからオリーブオイルをたっぷりかけ、塩や粉チーズをふりかけます。会社では味噌をつけて食べます。お酒はビール（アサヒ「スタイルフリー」スーパードライをしのぐ美味しさだと思います！　糖質ゼロ）や、焼酎などです。肉や魚や油はたくさん食べていますので、食べ物に対するストレスはまったくありません。季節のいい時期はよくローソンでブランパンなどを買って外で食べています。

スーパーでは糖質ゼロの麺を売っており、まずまず食べられます。また、低糖質のごはん、ラーメン、そうめん、そばなどもひと通り売っているところがあります。低糖質のパンやピザもスーパーで買えますし、ネットでも買えます。外で食べたいときは、松屋やすき家に行けばご飯の代わりに豆腐を選ぶことができますし、ガストに行けば豆腐サラダ、ジョナサンに行けば低糖質麺のメニューがあります。

ココイチのカレーの新メニューには「ＣｏＣｏ ｄｅ オフカレー」があり、ご飯を少なくする代わりにカリフラワーを刻んだものが入っています。実際に食べてみましたが、ご飯が30gとカリフラワーが120g入っており、ちょっと少なめですがまあまあでした。これで一食の糖質量は約30gです。普通のカレーはご飯が300gで、ルーと合わせれば糖質が約130gですので、糖質は4分の1以下になります。

ざっと並べてみましたが、糖質の影響に関する正しい情報が少しずつ認知されてきたことで、外食産業でも糖質を抑えたメニューが増えてきています。

サプリメントは5種類とっています。ビタミンB、スーパーD（ネイチャーメイド）、亜鉛、ビオスリーHi錠（乳酸菌、酪酸菌、糖化菌）、生きて届くビフィズス菌（森永乳業）で、費用は1日200円です。

ひとつだけ注意。サプリメントは必ず天然由来のものを選んでください。なぜならサプリメントは薬ではなく、食べ物だからです。

では、最後に食事に対するアドバイスです。

糖質制限をおこない、繊維質を多くとれば必ず痩せていきます。そして目標の体重になれば、後はそれを維持するだけです。最初にサラダをたくさん食べるとか、食物繊維のサプリメントをとるもよし、低糖質の炭水化物を食べるもよし、または糖質の吸収を抑えるために油をとったり（パンにバターやオリーブオイルをつける、背油たっぷりのラーメンにする、チャーハンや昔懐かしいバター醤油ごはんにするなど）、同様な理由で酢をとったり（寿司）するなど、いろいろと工夫することで食事のバリエーションが増えます。

○○が食べたいとなにげなく思ったときは、その栄養素が足りていないと潜在意識が訴えてきている場合もありますが、それ以上に、美味しいものを食べてハッピーになり、波動を上げることを意図したサインである可能性があります。

私は食事の後にデザートは食べない習慣ですが、先日飛行機に乗ったときに機内食にでてきたケーキがなぜか無性に食べたくなり、一気に平らげました。とてつもない幸せを感じ、ハイな気分になりました。

ですから、食べ物に対してあまり厳格にならないことが大切です。これは食べてもいいけど、これは体に悪いから食べない、なんてことはやめましょう。それよりも美味しく感謝しながら食べることが大切です。無類のパン好きとか、甘いものに目がない、デザートは別腹という人もいるでしょう。私はラーメン大好き人間です。日本のラーメンはもちろんですが、中国や台湾へ出張すると美味しい牛肉麺や水餃子がありますのでよく食べます。

楽しく食べて私たちの波動が上がっていけば、体調や体質がどんどん改善されていきます。体重も、意識でコントロールできるようになると思います。

並木良和さんの著書『みんな誰もが神様だった』(青林堂)から引用します。

これはある国で実際にあったことですが、幽閉された神父さんが、3ヶ月ほどカビたパンと腐った水だけで生きぬいた話があります。しかも牢獄から出たときには肌艶もよく、肉体的にも健康でした。「おかしい、なにをしたんだ?」と聞かれると彼は、「悪いイメージを持たず、神に感謝し、祝福して美味しくいただいただけだ」と答えたといいます。

これは極端な例かもしれませんが、私たちの意識により食べ物が栄養に変わったり、逆に毒に変わったりすることになります。私の娘は小学生になる前に食事の味を変えることができました。麻婆豆腐の辛味をなくしたのです。

私たち夫婦は夕食のときに「今日のおかずが私たちの血となり肉となり頭のエネルギーに変わります。いつも美味しいものを食べさせていただきありがとうございます」と唱えてから食べるようにしています。妻も認めていますが、妻がつくった料理よりも私のつくった料理のほうが明らかに美味しいです。あなたは食に対する執着が強いからだ、と妻はいつも言い訳をしていますが……。もちろん、どちらがつくっても美味しく楽しくいただいています。

心臓ガンがない理由

心臓がガンに侵されることはあるのでしょうか。心臓ガンになった人の話をきいたことはありますか？　私はありません。

それにはちゃんとしたわけがあります。

なぜなら、「実践編」で説明したように、心臓の部分には4番目のアナハタチャクラがあり、もっとも高い波動であるスーパーラブを受け取ったり出したりできる場所だからです。これが本質的な理由です。

では、バシャールに補足してもらいましょう。

心臓は、高次の自分であるハイヤーセルフや、大いなるすべてとコミュニケーションをとるためのセンターになっています。メッセージをピュアなかたちで受け取る神聖な場所ですから、ガンになることはありません。

また、心臓には脳細胞と同じ細胞が含まれていますから、脳と同じように個別に考えることができます。さらに、心臓は脳の100倍もの電気を発電しており、将来的に明らかになるフリーエネルギーに大きく関与しています。

脳も心臓も、ハイヤーセルフや大いなるすべてからの高質なメッセージを同時に受け止めているのです。

本来、脳は心臓の発する司令に従うようにデザインされています。つまり私たちの体は、心臓が中心となって、脳と調和しながら活動しています。パソコンにたとえると、心臓はCPUで、脳はハードディスクに相当します。ですから、脳はデータを記録することはできても、これからなにが起こるか、などを想像したり、予測することはできないのです。

脳に対して、本来の働き以上の責任と仕事を与えてしまっているのが人類の現状です。

ドーソン・チャーチの著書『思考が物質に変わる時』（ダイヤモンド社）に、興味深いことが書いてありました。マインドフルネスと呼ばれる瞑想がありますが、56の論文や1700にも及ぶ研究結果によると、この瞑想法で、脳がリラックスしたときに発生するアルファ波とシータ波が増長されることがわかったのだそうです。さらに、瞑想中、心臓でも脳と同じようにアルファ波とシータ波が発生し、通常の覚醒時に優位となるベータ波が少なくなっていることがわかったそうです。

また、老化防止のカギを握る「テロメア」の成長に、特にマインドフルネスが有効であるとのことです。久賀谷亮先生の著書『脳が老いない世界一シンプルな方法』（ダイヤモンド社）にも同じことが書いてあります。「テロメア」については、「ビジネス編」で詳述します。

実 用 編 / ビジネス

ビジネスモデルの創出

シカゴへ出張したときに、時間があったので気になっていた会社を訪問したことがあります。特許証がその会社の廊下にたくさん飾られていました。壁には、2人の会社創業者の経営理念が掲げてありました。

それは、ゴールデンルール（黄金律）と呼ばれる文言をそのまま引用しているもので、「自分にしてもらいたいことを人にしてあげる」というシンプルなものでした。ですが私は、新鮮でいい言葉だと思い、とても感心しました。私の場合は、自分にしてほしくないことを人にしているなあとつくづく反省したものです。その会社は、高品質な製品とユニークなビジネスモデルによる高収益企業で、社員は生き生きと仕事をしていました。

私は、ゴールデンルールを継承しつつ、さまざまな書籍のエッセンスをビジネスに取り入れていきました。このモデルは、競争しないことが基本となっています。しかし、中国の戦国時代の思想家である孫子の説く兵法「戦わずして勝つ」とは趣旨が大きく異なっています。では、私の取り入れた方法を紹介します。

1）稲盛和夫さんの数々の著書
京セラを創業し一流企業に育て上げただけでなく、経営破綻寸前のＪＡＬを再生させ、ＫＤＤＩの事業を大きく飛躍させた原動力である、稲盛和夫さんの無私、他利の精神に学ぶ。

2）『ブルーオーシャン戦略』Ｗ・チャン・キム、レネ・モボルニュ共著（ダイヤモンド社）
競争のない世界を実現する。世の中のビジネスの99％以上はレッドオーシャンであり、血で血を洗う死闘を繰り広げている。ブルーオーシャンとは技術力ではなく、ユニークなアイデアが源泉になっている。

以下はＢ TO Ｃの事例の一部です。

●受験サプリ：
「大手予備校でトップクラスの人気講師陣の授業を月額９８０円で受け放題」というサービスで、業界の常識をくつがえしたウェブサービス。今や有料会員数が13万人を超える規模にまで成長している。家庭の経済状況や地理的な条件のために「予備校に通えなかった受験生」を取り込み、新しい市場を創造した。

●QBハウス：

散髪につきものだったシャンプーやマッサージなどを廃止することで、散髪時間を1時間から10分に短縮し、3000円～5000円であった散髪代を1000円にした。また各店舗の外には信号システムがあり、空き時間を知らせてくれるので、不確実な待ち時間と予約タスクを省くことができる。各理容師の1時間当たりの収益性はほぼ50パーセント上昇した。

●オフィスグリコ：

職場にお菓子が入ったボックスを設置してもらい、代金を備え付けの貯金箱に入れてもらう無人販売方式。現在は国内の10万の事業所に設置されている。無人販売であるが、代金の回収率は95％に達している。「コンビニまで行かずに、オフィスで手軽に間食したい」という層や、「お菓子を買うのが恥ずかしい」とためらう男性などを取り込んだ。

●クックパッド：

20～40代の女性を中心に、月間約5000万人が利用し、有料会員数は約150万人を誇る料理レシピのサイト。プロの料理人・料理研究家を排除し、一般の誰もが投稿できるように、「レシピを読むことも、投稿することもできる」という素人のコミュニティを創造した。

3）『Win-Winセールス』フランクリン・コヴィー・ジャパン編（キングベアー出版）

一世を風靡した『7つの習慣』の著者、スティーブン・コヴィー博士のエッセンス集。すべての関係のなかでお互いの利益を求める精神に基づき、満足できる合意や解決策を打ち出そうとする考え。人生を競争の舞台ではなく、皆で協力して完成させる舞台と見るパラダイムであり、ある人の成功は必ずしもほかの誰かを踏み台にしなくても実現できるとする。価値をお互いに分配するのではなく、価値を創造してから（お互いの取り分を多くしてから）分配する。

コビー博士は思いやりに溢れた人柄で、『セルフリーダーシップ』（キングベアー出版）をはじめとしたたくさんの良書を出されており、私の生き方に大きな影響を与えた一人です。

4）「ランチェスター戦略」

アメリカ海軍が使っていた軍事戦略をもとに田岡信夫氏がつくった販売戦略で、弱者が強者に勝つ戦略。強者が対象としないマーケットにフォーカスしたり、強者の弱みにつけ込んだ戦略のこと。

ひとつの例を説明します。パレート型とロングテール型と呼ばれる用語があります。パレート型はパレートの法則そのもので、「売上の8割が、お客さま全体の2割によってもたらされる」というものです。一方「ロングテール型」は、「パレート型」のビジネスをしていますが、世の中の大半の中小企業は上位の取引先の売上が全体に占める割合が低く、小口の取引先の寄せ集めで売上がつくられているパターンです。大手企業があまり相手にしない市場であることで「雨ざらし市場」という言い方も比較的近いと思います。

こうした「雨ざらし市場」での文房具マーケットをターゲットにしたのがアスクルです。大手文房具メーカーであるプラスから営業譲渡を受けてスタートし、現在は年商3000億円を超える企業に成長しています。


さて、これらをどのようにビジネスに活かしたか、です。

みなさんのビジネスに応用できる点もあるかもしれません。

私の会社の事業が対象とする市場は、半導体・液晶パネル・有機ELパネルの生産工場であり、名実ともに設備産業です。一度設備を導入してしまえば、それを買い換えるにはとても時間がかかり、そのまま使用したり、改造して使用し続けることが多いものです。ですから、新たに設備を販売するのは新規の工場が対象となります。

しかし、そこには海千山千のたくさんの競争相手がしのぎを削って待ち構えています。さらに中国においては入札により選定がおこなわれますから、価格の要素が非常に重要になります。

1）そこで、対象の市場を既存の生産工場としました。そうすれば取引先はほぼすべての工場が対象となりますので、成功した暁には長期に渡り安定した収益が望めます。しかも競合他社は誰も見向きもしていません。

2）デモ機を無償で提供し、お客さまが使用している設備と入れ替えて評価してもらいました。もちろん設置や運転に係わる費用はすべて負担しました。今までの設備と比較して、生産性が上がったり、品質が向上したり、製造原価が下がることで付加価値を提供することができるかどうか検証してもらったのです。

3）普通は、設備を売り切ってしまったら、修理や点検、調整等はするものの工場との付き合いはどんどんなくなっていきます。ですが、この場合は逆で、デモ機を納入してからはお客さまと頻繁に会って打ち合わせをおこない、あるいはクリーンルームのなかで作業しながら、製造プロセスの改善にいっしょに取り組むことができました。時間が経つほどにどんどんお互いの関係が深くなっていったのです。でも、出費もたいへんかさみました。損して得取れの精神ですね。
4）デモ機の評価が終了したところで、お客さまに、次の①から③を選択してもらいました。

①設備の返却（撤収費用はすべて当社が負担する）
②設備の購入（競合相手がいないので、当社に十分な利益が確保できる）
③設備をそのまま使用してもらい、既存の設備と入れ替えたことによる増益額の一部を手数料として当社に納める。そして、当社はお客さまに対して技術サポートを継続していく（お客さまは設備投資資金を必要とせずに増収増益を図ることができ、当社は安定した収益を長期に渡り得ることができる。ただし、このモデルを継続するためには、当社の技術サポート力が試される）

当社の社長は根っからの技術者であり、製品や技術に対して自信を持っていますから、それを正当に評価してもらいたいと思っています。だから、お客さまの利益の一部（一部といってもけっこう大きな比率ですが）をもらうビジネスがしたいとかねがね話していました。それがビジネスモデルの骨子になっています。ただし社長は、利他の精神は理解できないようで、どうしても自分を中心に置いてしまいがちでした。

社長は③のビジネスをたいへん気に入り、製品の販売はしないと言い張りました。私は、「当社の製品や技術力をお客さんがどのように評価するかはお客さん次第であり、工場ごとに製造プロセスが違うので、いろいろなケースがある」と説明したのですが、社長は意固地になるばかりでした。

社長は代案として、販売した場合にも必ず③の手数料をもらうという提案をしてきました。しかし、その提案はお客さまを無視したアイデアであるため、私はすぐに断りました。

私は、了解を得ないまま、独断でプレゼンテーション資料をつくり直し、いろいろな工場に対して紹介しました。すると、デモ機の導入が一気に加速しました。すぐに社長に会議室に呼ばれ「平野さんは私の経営判断を無視し重罪を犯したが、今回に限り免罪にする」と言われたのです。あまりにも反響が大きかったためだと思います。

中国の以前のビジネスパートナーから当社と比較的似通ったビジネスモデルの説明を受けたことがあります。工場のクリーンルームなどの空調は、温度や湿度をある範囲に正確に保つ必要があり費用がかさみます。それを安くするために、工場内に温度センサーや湿度センサー、風力センサーなどを複数取り付け、パソコンを使って、ラグランジュ関数と呼ばれる運動方程式により、温度や湿度、風量の制御の最適化をおこないます。この部分の省電力化を実現させて、コストダウンの一部を手数料として回収するビジネスです。日本のメーカーが開発した技術だそうです。

感度分析という経営手法

現在の会社に入社してから、主にエクセルを使っていろいろな資料をつくりました。入社して3ヶ月の研修期間、資料をつくり、実務を少しずつ覚えるうちに、上場企業と比較して見劣っている点が次第に浮き彫りになってきました。

最初に手掛けたのはデータベースでした。

ビジネスパートナー経由で、中国、台湾、韓国に製品を輸出していたのですが、その際は、非該当証明書と呼ばれる書類を税関に必ず提出します。輸出する製品が兵器やその関連製品に転用できないことを証明するもので、その書類をファイリングするのですが、件数が多く、必要時に書類を探すのにも一苦労でした。それを、客先や製品や出荷時期などから検索できるようにして、さらに書類をすべてスキャナーで読み取って電子データにし、リンクを貼ることで、税関から問い合わせがあったとき、すぐに書類を閲覧できるようにしました。

また、製造会社ですのでさまざまな材料や部品を手配する必要があり、そのたびに製造部門や開発部門が注文書を作成するのですが、注文書のフォームは私が入社する直前に退社された総務の方が作成したもので、一言でいうと、ワードでつくったエクセルともいうべきものでした。その日の日付を入れるのに「平成」□「年」□「月」□「日」と、7つのセルを使っていたのです。かろうじて金額の合計欄だけは自動計算になっていました。

それを社員がそれぞれ自分用につくり直して使っていましたから、同じ会社であるにもかかわらず、さまざまなバージョンの注文書が存在していました。驚くべきことに、エクセルなのに合計金額を自動計算せずに使っている人もいました。

さらに驚いたことに、決済者もいませんでしたので、自分で注文書を作成し、総務を経由して、勝手に仕入先や外注先へ注文書を発行していたという始末です。製品の材料費を正確に把握している人もいませんでした。

これにはさすがに閉口しました。そこで、自分がすべての注文書を決済するために、製品に使用している材料や部品の一覧（大分類、中分類、品名、仕様、仕入先、単価等）を関係者と一緒に作成し、員数（製品に使われている材料や部品などの個数）を入力する欄を設けました。それにより、ほとんどの入力を自動化することができ、従来と比較して注文書の作成時間は5分の1から10分の1になりました。入力ミスもなくなり、在庫の適正化が図れるようになり、なにより会社にとって非常に重要な指標である、製造原価のうちの材料費が正確に把握できるようになりました。

上海に子会社を設立した際、目標とした一つはペーパーレス化で、これは首尾よく実行され、今でも続いています。小さな会社ですので、市販のソフトは使用せず、自分たちで帳票類などをつくって運用しました。

部下と丸二日かけて出張精算書を作成しました。これ一枚で上海市内の近距離出張、中国国内の出張、台湾などへの海外出張の精算がすべてまかなえるものです。

日当や宿泊費については、おのおの金額もそうですが、滞在日数でも異なり、特に近距離出張では外出時間により日当がついたりつかなかったり、昼休みの時間が日当の対象に含まれなかったりしますので、いろいろな関数を組み合わせながら何度も修正に修正を重ね、なんとかつくり上げました。完成した時は、疲労感に浸りながらも部下と大喜びしました。

ビジネスモデルの話に戻りましょう。

投資した資金がいつの時点で収支がゼロとなり、その後に時系列でどのくらい儲かるか、ということを、なるべく正確にシミュレーションできる方法を本で見つけました。柏木吉基著『Excelで利益シミュレーションができるようになる本』(洋泉社)です。

柏木さんは、大学卒業後、日立製作所に入社し、その後アメリカでMBAを取得してから日産自動車へ転職され、経営課題の解決や新規事業の提案等に数字を使ってビジネスを可視化できるスキルを身につけた方です。

著書を参考にしたところ、財務の知識がなくても目的を達成でき、複雑な関数を使ったりマクロを組む必要もなく、本を読みながらすぐに使いこなせるようになりました。

収支計算の方法は、税務や財務諸表に求められる会計基準に則っておこなうか、キャッシュフロー(実際のお金の出入りをベースにする)でおこなうかの2種類ありますが、経営判断をする場合はキャッシュフローにすることが多く、私も、シミュレーションはキャッシュフローに基づいておこなっています。

キャッシュフローにするもう一つの理由は、会計基準では減価償却について、その期間をどう設定するかで毎年の収益が恣意的に変わってしまい、事業の実態をうまく反映できないリスクがあるためです。投資した資金が回収できるタイミングや、収益への影響が大きい項目を変数とすることで、より価値の高い分析ができます。この分析方法を「感度分析」といいます。

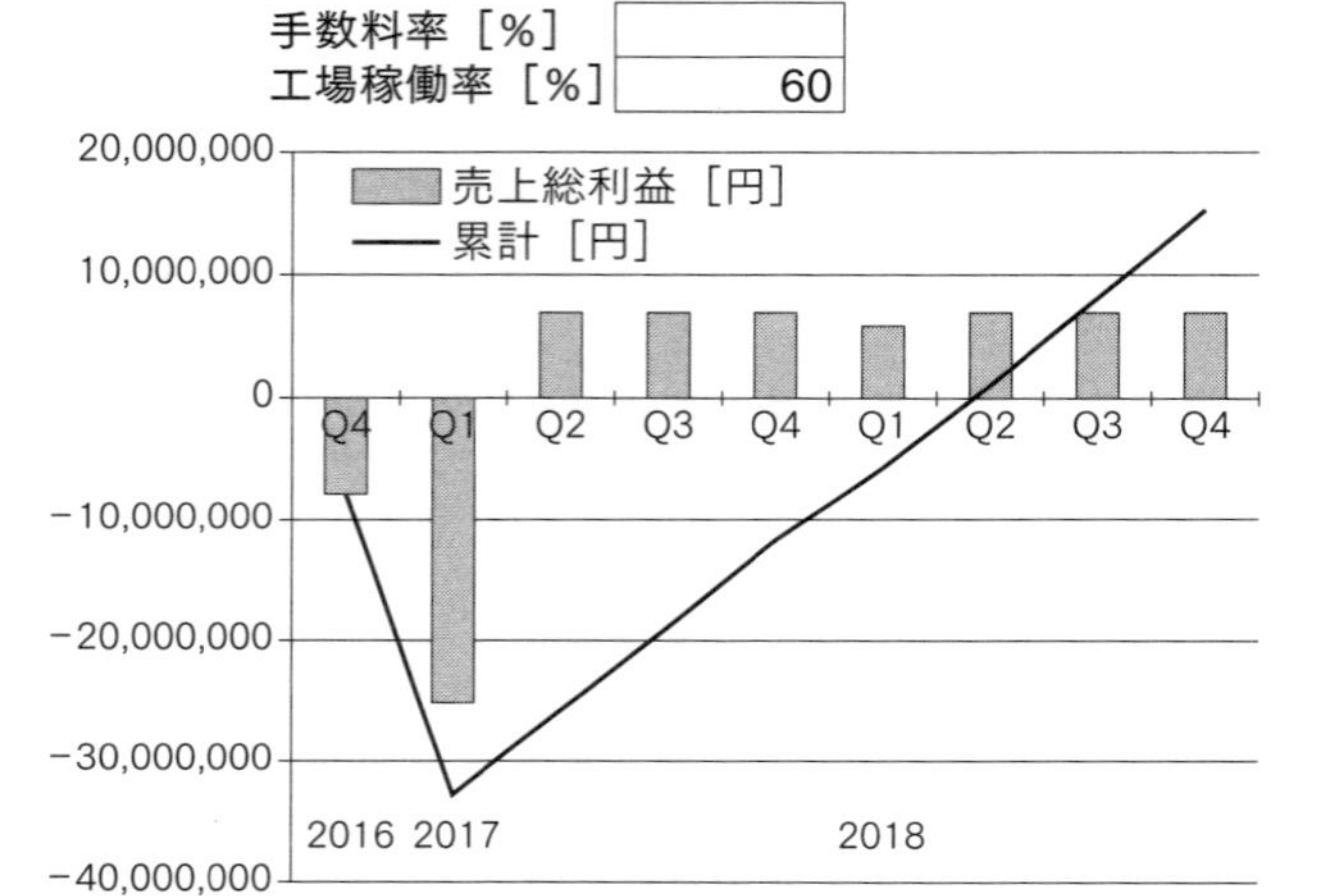

2つの変数による感度分析

当社の事業の場合は、「お客さまの工場の稼働率」と「手数料の料率」がもっとも収益に影響を与えるため、この2つを変数にしてプルダウンメニューにさまざまな値をプリセットしておくことで、1クリックで時系列の収益グラフを作成することができるようになりました。新規事業のリスク分析にたいへん役立つ武器になります。

これからのビジネスのあり方

サアラさんの著書『覚醒への道』（徳間書店）、サアラさんと池川明さんの共著『「魂」の本当の目的』（大和出版）や、並木良和さんの本にも書いてありますが、地球や私たち人類は、大きく軌道修正をする時期に差しかかっています。詳しくは「宇宙編」で説明しますが、２０３０年までに多くの企業は倒産したり業態が変わる可能性があります。これからの時代に合ってないからです。

これからの時代のキーワードは、「わくわく」「豊かさ」「調和」「シンプル」「オープン」「ユニーク──競争をしない、競争が少ない」などです。これらはすべてポジティブな波動を出しています。

いくつか、例を挙げてみましょう。

会社で使用していたｉＰｈｏｎｅが古くなり、海外で使っているときに着信音が鳴らない不具合も出てきたので、新モデルに切り替えることにしました。ドコモの法人担当の営業の人に来社してもらい、更新の手続きをおこないました。すると、料金プランの中身が細かく分かれていて、その説明を聞いてから手続きが終わるのに2時間以上かかりました。基本料金が大幅に安くなったのはいいですが、プランの詳細はすでにもう覚えていません。

ショップに行ってスマホを新規に購入したり、契約更新したりしようとしても、いつも来客でごった返していて時間がかかりますし、新料金プランが出てもわかりにくいですね。これらはあまりにも煩雑ですから、これからの「シンプルな」時代にはそぐわないものです。

日経新聞に次のような記事が載っていました。

「HV特許無償開放　トヨタ市場拡大へ　年内にも」

競合他社にハイブリッドエンジンの関連技術を無償公開して、市場拡大を目指すという内容でした。豊田章男社長の懐の深さが伺えます。彼は、停滞するトヨタ自動車を復活させた、まぎれもない称えられるべき功労者です。トヨタ自動車の復活は、彼なくしては無理だったでしょう。会社は99％社長で決まるわけですから。彼は宇宙人であると直感でわかります。大きなミッションを持って地球に転生してきたのだと思います。

また、阪大の故政木和三博士は発明家として知られ、自動ドア、電気炊飯器、ウソ発見器、魚群探知機など1000件以上の発明をしてこられました。その関連特許を取っては無償で公開し、人類の発展に貢献されたことから、電機メーカーがこぞって政木詣でをしたそうです。

これらの例は、「豊かさ」「調和」「オープン」がベースとなっている、時流に合ったものといえます。おそらく、トヨタ自動車はこれからも優良会社として発展を続けることになるでしょう。

では、会社の管理職や経営判断をするような立場にある方は、これからどうすればよいでしょうか。

答えはとてもシンプルで、かつ本質的です。つまり、自分のネガティブな波動を外していくことです。ただそれだけで、自分を取り巻く環境がどんどんよくなります。問題が山積されなくなります。

私は、エクササイズをはじめてからトラブルの頻度や難易度がどんどん変化していき、順調になるばかりでした。

そして、これからの判断基準となるものは、内的欲求を刹那的ではなく持続的に満たすかどうか、という部分が大きくなってくると思います。ある判断をして、ワクワクしたり、すがすがしい気持ちがずっと続くかどうか、という部分がポイントです。

アメリカの心理学者であるアブラハム・マズローが唱えた「欲求の五段階説」は、よく知られている理論です。

マズローによれば、低次の欲求として下から順番に「生理的欲求」「安全欲求」「社会的欲求」があります。次に、高次の欲求として、他者から認められたい、尊敬されたいという「尊厳欲求」があり、さらに、自分の能力を引き出し、創造的活動がしたいといった「自己実現欲求」が続きます。

晩年にマズローは、欲求にはさらにもう一つ上の段階があると発表しました。それが、見返りも求めずエゴもなく、自我を忘れてただ目的のみに没頭し、さまざまな貢献をする「自己超越」という段階です。前述した「ワクワクしたり、すがすがしい気持ちになる」というのは、この「自己実現欲求」や「自己超越」のことと同じです。

ワクワクする気持ちやすがすがしい気持ちは、私たちの本質である高い波動そのものであり、自分の深い意識からのメッセージです。別の表現をすると、直感やひらめきとも言えます。

いままで、物事をただ理詰めで判断していたのなら、直感やひらめきを頼りないあやふやなものと考えず、素直にそれに従う習慣を身に着けてください。なんとなくこちらがよさそうだ、という自分の気持ちに正直になってください。

私の場合、判断するときにはほとんど迷いません。いつも、損して得取れとか、相手が喜んでくれるかな、と思う気持ちを大切にしています。だから軸がブレにくいのだと思っています。

もうひとつ重要なことがあります。「宇宙編」で詳しく説明しますが、実はこの世はパラレルワールド（並行現実、パラレルリアリティとも言います）になっています。ラジオやテレビなどと同じで、いろいろな波動(可能性のある現実)がすでに存在していて、そのなかから毎瞬毎瞬、私たちの意識に合わせた現実が選択されているということです。つまり、あなたがなにかを選択したとき、選ばなかった方の現実も存在しているのです。

組織のなかではさまざまな人との関わりがありますが、私には私のパラレルワールドがあり、AさんにはAさんの、BさんにはBさんのパラレルワールドが存在しています。

私たちはそれぞれに固有の波動をもっていて、それぞれに異なった、生まれてきた目的をもっています。自分の人生の主役は自分しかいません。ですから、いい意味で自己中心的に生きることです。自分が豊かになり幸せになれば、波動に変化が起き、周りにいる人にいい影響を与えることにつながるでしょう。

また、自分の波動が上がることで周りのネガティブな影響を受けにくくなります。景気が後退し業績が悪化する会社が増えたとしても、自分の会社だけはどこ吹く風とばかりに好調を維持したり、自分の所属する組織だけは順調であったり、あるいは仮に退職に追いやられる事態に発展したとしても、自分にとって本当にやりたい仕事が見つかったり、そのために必要な人に出会うチャンスが訪れたりします。流れに身をまかせると言うのはまったくそのとおりで、自分が直面する現実を素直に受け止め、委ねることが大切です。悪いことが起こらなくなるわけですから、過ぎ去った過去を憂いたり、未来を不安視する必要はまったくありません。

私は、最初に勤めた会社で管理職（その会社ではグループ長に相当しました）になってから、お客さまのところで発生した納期遅れや品質不良などの問題に責任者として駆り出されるようになりました。

私は、社内の仕事そっちのけで、喜び勇んでトラブルの解決に当たりました。自分の働きでトラブルが鎮火し、お客さまとの信頼関係が再構築されると、達成感でハイになるのですが、またすぐに別のお客さまに大きなトラブルが発生し、その対応に追われたのです。

おそらく私の場合、自分自身の無価値感が根底にあったために、自分はすごいことをしたんだ、しているんだと認めてもらいたくて、その波動に対応したパラレルワールドを引き寄せていたのだと思います。

転職すると決まってからも、私は少しでも早く転職先へ移りたかったのですが、また同じようなことが起きました。関西のP社で情報漏えいに関わる非常に重大な問題が起こったのです。その対応いかんによっては、すべての取引がなくなる恐れがあるほどの事件です。関西支店の責任者をやっていた経験のある私に、対応役として白羽の矢が立ち、結局は自分の退職と引き換えになんとか沈静化させることができました。これも、結局は自分が問題を引き寄せていたのです。

多様性の尊重と第三の案の創造

前述したように、私の会社は不動産売却による特別利益を計上することで危機を脱しましたが、依然として再建の途上にあり、脆弱な経営基盤を立て直すことが急務となっています。お金は会社の血液と比喩されますが、この2年間の業務を通じてその重要さを再認識しましたし、私にとっては良い経験になったと感じています。

海外出張時はいろいろなお客さまと面談をおこないますので、ビジネスの進捗がアップデートされます。そこで、時間があるときに、最新の経営情報を、社長も含め社員全員へ電子メールで適宜報告するようにしてきました。こうすることで、会社が直面している課題や将来のビジョンが共有され、結果として帰属意識や動機づけが高まることを意図しました。

昨年夏に「会社復興に向けての協力のお願い」と題して、以下のような内容で電子メールを送ったことがあります。

※　※

今月後半よりメインバンクから、不動産売却までのつなぎ融資を受けることになったが、毎月の収支を確認しながら融資額を短期的に査定する非常に厳しい内容であり、融資の期限が明確になっていない。よって会社のたどる道は以下の3つに集約される。

①不動産が相応の価格で売却できれば会社は復興に向かっていく可能性が高い。
②売却の見込みが立たなくても、M&Aによる経営支援が得られれば、やはり会社は復興に向かっていく可能性がある。
③これらが共に不調に終わった場合は、特にビジネスパートナーにおいて信用不安が広がることで、アライアンスの解消が進み、事業継続の道は絶たれ、法的整理に向けての業務へ移行する。法律的にも道義的にも経営者である社長は私財を投入し、会社を守ることになると思うが、最悪の場合は自己破産する可能性がある。

一方、会社は小さいながらも世界の巨大企業と対等な立場で取引し、ビジネスパートナーとも厚い信頼関係が築かれている。この難局を乗り越えるため、業務の質、量ともに最大限に上げてほしい。社長に対しては、年内に事業化できる新製品を吟味し、プロジェクトと開発チームをすぐに発足してほしい。さらに、売上に直接的・間接的に影響しないミーティングはすべて保留にし、社員が組織だって新製品を上市する時間や環境を整えてほしい。

会社を復興させるために誰かが孤軍奮闘したところでたかが知れているが、みんなが同じ思いを共有し実行に移せば、その確率は1に近づいていく。さらに意味のある偶然など、人知を超えたなにかがサポートしてくれることがあるので、希望を持って臨んでほしい。

会社の経営が危機的な状態になった全責任はもちろん社長にあるが、景気が変動しようとも給与を支給し、社員を支えてくれたのも社長である。業績が回復し経営が正常な軌道に戻ったら、社長夫婦に対して今までの労をねぎらってあげたい。

※　※

だいたいこのような内容でした。

それに対して一人の社員から次のような返信（抜粋）をもらいました。

「いつも平野さんが他の方をお叱りになっていることが、そのままあてはまるメールに思えました。マネジメント業務やその他の方針を具体的にどのようにするか、明示する重要性を認識していただきたいです。現在平野さんが部長としてマネジメント業務を担当しているように見受けられますが、『〇〇表を作成することの意義が最近よくわからなくなりました。あてにならないから』とか、投げ出すような諦めの言葉を言っている場合じゃないです。会社復興に協力してください」

このような手厳しい内容でした。最初は意味がよくわかりませんでしたが、そういった捉え方もあると、次第に理解できるようになりました。

コミュニケーションとは、自分がなにを言ったか、あるいはなにを伝えたかではなく、相手がどのように受け止めたかが重要であり、しかも相手の反応は千差万別です。自分の物差しで相手を評価することにはまったく意味がないばかりでなく、相手の多様性を踏みにじることに繋がります。

また、仕事に限らず、同じ経験を一緒にしたとしても、お互いに受け取り方が180度異なる場合があります。まるで違う世界を見ているような、本当に同じシチュエーションを体験したのか不思議な気持ちになることでしょう。でも、あなたとその隣にいた人は、実際にまったく違う地球に降り立っているので、体験が異なるのです。これがパラレルワールドの概念です。

ですから、私たちの真実は自分にしかわかりません。または、自分と同じ波動域にある人にしか理解することはできないのです。

ところが、最近は状況がすこしずつ変化してきました。特に2019年に入ってから、宇宙から降り注ぐ高い波動のエネルギーが増加し、地球自身も波動を上げ、それによって私たちに対してポジティブな変化を促してきています。

つまり、私たちの本気の思いは、それがネガティブであろうと、ポジティブであろうと、相手に伝わりやすくなってきているのです。私たちの本当の思いがちょっとした仕草や行動に表現されたり、話し言葉や口調に乗せられたりしていて、それを受け取る側も波動に敏感になってきています。

逆に言えば、表面的な社交辞令や中身のない空っぽな会話もしっかり相手に伝わっているのです。心にもないことを言うくらいだったら、言わない選択だってあるのです。嘘偽りのない言動こそが人の心を掴むでしょう。

会社や団体に属していれば、いろいろな会議や打ち合わせに参加する機会があると思います。意見を求められたり、交渉の場が与えられることもあるでしょう。内容や目的にもよりますが、私たちが持つ多様性を踏まえると、概して少数派の意見の方が有用であると考えられます。独創的であり、奇抜だからです。

経営者やリーダーは、自分の意見を押し通すのではなく、さまざまな提案やアイデアに耳を貸し、または咀嚼し、必要に応じて取り入れ、あるいは別の角度からさらに優れた新たな案を考えたり、結論に導くことがたいへん重要になってきています。相手の考えをすべて受け入れてしまうのではなく、相違点を見出し、より創造的な問題解決や、シナジーを生み出すように心がけるのです。

スティーブン・コヴィー博士によれば、この新たな「第三の案」は、もっとも重要なプロセスです。

ですから、多数決という手法は表面的には合理的であり公平に思われるかもしれませんが、実は責任を負う必要がない安易な方法であり、きわめて限られた選択方法なのです。

速読と右脳の活性化

速読にチャレンジした人はたくさんいると思います。私もそうです。フォトリーディングや、眼球を早く動かすなど、5種類くらいはやったことがありますが、全部ダメでした。自分は左脳に偏りすぎているから速読は無理なのだと決めつけていました。

しかし、山中恵美子著『1冊3分で読めて、99％忘れない読書術　瞬読』（ＳＢクリエイティブ）という本に出合うことができました。その本によれば、「たった1回のレッスンで、最低でも今の読書スピードの2倍、早い方だと10～20倍以上になる。また、小学生が3回のレッスンで読書スピードが数百倍（10万～40万字／分レベル）になったこともある」というのです。これが「瞬読」です。

一般的な人の読書スピードは、３００～８００文字／分くらいと言われています。私はかなりがんばって６５０文字でした。

速解力検定という速読のスピードを測る検定があり、10級が１００文字／分未満で、５段が２１００文字／分です。ただし、５段の認定者は現在1名しかいません。こうした一般的な速読は、眼球の移動速度を早める（眼球の筋トレ）ことで実現していますが、それを極めた最高レベルがそのくらいです。

ところが瞬読の場合、速読とは桁違いに多い文字を読むことができるだけでなく、内容を記憶できるのです。

左右の脳にはそれぞれに違う役割があります。左脳は、読む、書く、話す、計算するなどの能力があり、言語脳、論理脳、デジタル脳などと呼ばれます。一方、右脳は図形や映像や空間の認識、イメージの記憶、ひらめきや直感、全体的な情報処理などを受け持っており、イメージ脳、感覚脳、アナログ脳と呼ばれます。

まとめると、左脳は顕在意識を司り、短期記憶に向いています。逆に右脳は潜在意識を司り、イメージ記憶として長時間記憶を保存でき、しかも必要なときに直感やひらめきとして提示してくれます。

左脳と右脳を結んでいるのが脳梁です。瞬読では、イメージ脳である右脳を活性化し、脳梁を通じて情報を左脳へ送り、言語化することで左右の脳のバランスを整える、という方法をとっています。日本人の脳梁は欧米人に比べて太く、左右の脳を行き交う情報量が多く、バランスを取りやすい特質があるのです。

私の実際の体験談ですが、瞬読についての書籍を読んだ後、品川でおこなわれた瞬読の体験会に参加しました。

最初に測定したときのスピードは730字／分でしたが、レッスンの最後に測定した時は2200字／分になっていました。だいたい3倍の速さです。しかしそのときは、本を読んだ実感はあっても、それをグループでシェアしようとすると、内容をほとんど説明できませんでした。

私は、それから90日間のオンライントレーニングを申し込み、パソコン、本、ノートを使って本格的に瞬読をはじめました。目標スピードは、毎日5分から10分間と週1回1時間のトレーニングをおこなって、3ヶ月後に200ページ程度の単行本を30分で読み、内容を理解していることです。

単行本が10万字とすれば、毎分3300文字程度の速さになります。とうていできないと思われるでしょうか？　1年間トレーニングを続けた場合、同じ本を3分で読めるようになる（毎分33000字）人の率は92%だそうです。私はオンライントレーニングをはじめて2ヶ月半になりますが、右脳がパカーンと開いた状態になってきた感じがします。

丸く並んだランダムな文字を読み取るトレーニングがありますが、0・01秒見ただけで「お気に入りのスニーカー」と右脳が並び替えて理解できるようになります。複数行の文字を0・01秒だけ見ても、瞬時に理解できるようになりました。右脳の力は本当にすごいです。実際に本を速読すると、並列処理のコンピュータで読んでいるような感じで、1ページに書いてあるキーワードがまとめて右脳に記憶されていきます。左脳での言語化ももちろんできています。

読書スピードは目標とした毎分3300字を達成しました。これからは33000字（3分で一冊を読む）にチャレンジしていきます。

右脳が活性化することによる速読以外の効能も、先述の著書で紹介されています。電子メールを読むのが早くなり、仕事のスピードが上がった、40分ではじめて習った英単語80語を9割暗記できた、野球でボールがよく見えるようになり、打率が上がった、暗譜がすぐにできるようになった、数学の公式をすぐに覚えられるようになった、本を逆さまにしても読める、などです。瞬読は本物の技術だと思います。

脳は老化しない

脳が老化しないことを知っている人は少ないと思います。寄る年波には勝てない、などと言われますが、できればいつまでも頭が冴えわたり、元気ハツラツとして仕事をしたいものですね。

新聞やインターネットの広告には『人の名前が出てこなくなったときに読む本』とか、『「あれ？　なんだっけ？」が気になる中高年の方へ』とか、『〝アレ〟〝ソレ〟が多くなったら　そんな方必見です』というようなキャッチコピーがあふれています。しかし、それらは私たちの不安を恣意的にあおる内容であって、事実に基づいたものではありません。

最近の脳科学では、脳に関する今までの常識「脳の老化は止められない」「大人の脳は成長しない」は、180度変わっています。何歳になっても、脳は成長し続けられるとわかったのです。

ディーパック・チョプラ博士とハーバード大学のルドルフ・E・タンジ教授の共著である『スーパーブレイン』(保育社)、および久賀谷亮先生の著書『脳が老いない世界一シンプルな方法』(ダイヤモンド社)から引用、要約して紹介させていただきます。

まず最初にお話しておきたいのは、私たちの脳は「できる」と思っていることしかできません。逆に言えば、「できない」と考えていることはできません。

(1) 間違った通説1：傷ついた脳が自然に治ることはない

たとえば、交通事故や脳梗塞などで脳が損傷すると、ニューロン（神経細胞）もシナプス（神経細胞同士の繋がり）も失われると信じられてきました。しかし実際は、喪失したニューロンやシナプスが、近隣の生き残ったニューロンによって補われ、失われた接続が回復し、傷ついた神経ネットワークが見事に再構築することが最近になって発見されました。この事実は他の数多くの研究によっても裏付けられています。これにより、脳は可塑性を持っていることがわかりました。

(2) 間違った通説2：脳の配線を変えることはできない

脳は停滞したまま変化することがないとする従来の理論が誤りであることがわかりました。脳は信じられないほどの回復力があり、思考、記憶、願望、経験によって配線を変えることができます。

(3) 間違った通説3：脳の老化は避けられず、脳が若返ることはない

学習や記憶を通じて脳に刺激を与え続けることで、脳を成長させることがわかっています。なにもしなければ脳も老化してしまいます。

大脳には記憶や空間学習能力に関わる器官として「海馬」と呼ばれる部分があり、これはタツノオトシゴの形に似ています。日常的なできごとや勉強して覚えた情報は、海馬の

なかにいったんファイリングされて整理整頓され、その後大脳皮質に貯められていくといわれています。つまり、私たちの脳のなかで「新しい記憶」は海馬に、「古い記憶」は大脳皮質にファイリングされているのです。

成人の脳にはニューロンが1000億個、シナプスにいたっては1000兆個以上あるといわれています。海馬のニューロンが繰り返し刺激されると、ニューロンの形が変化してシナプスが増え、情報伝達が強化されます。

もうひとつわかっているのは、脳がディープ・ラーニング（深層学習）をしている点です。脳細胞は新たな繋がりであるシナプスを形成し、発達していきます。私たちの脳は、こちらが意識的には結びつけていない過去の経験や情報なども、いつのまにかどこかに結びつけ、学習したり、新たな能力に変えたりしています。

アメリカの生物学者であるエリザベス・ブラックバーンらは、長寿遺伝子である「テロメア」と老化のメカニズムを解明し、2009年にノーベル生理学・医学賞を授与されました。私たちの細胞には2重らせん構造をしたDNAが含まれており、タンパク質と結合して染色体をつくっています。染色体が解けないように、その末端を留めているのがテロメアで、イメージとしては靴ひもの先にあるプラスチックのキャップのようなものです。

この長さが老化のバロメータになっていて、たとえば新生児のテロメアを100とすると、

35才では75、65才では48くらいにまで縮んでいきます。年齢が同じなのに「ずいぶん老けて見える人」と「やけに若い人」がいるのは、このテロメアが左右していると言われていて、実際に、脳疾患であるアルツハイマー病の患者の脳を調べると、テロメア短縮が著しく進んでいるのが確認されます。

テロメアの長さを決めているのが、テロメラーゼと呼ばれる酵素です。この酵素の分泌を促すうえで効果的な方法が、瞑想です。毎日少しの時間でいいので、なにも考えず、目をつぶりリラックスする習慣をつくることで結果的に脳の若さを保つことができます。湯船につかったときなどは気軽にできますね。

⑷　間違った通説４：脳では毎日、数百万もの細胞が失われており、失われた細胞の代わりは存在しない

大脳の表面に広がる大脳皮質には約４００億個のニューロンがあり、１日あたり約八万五千個（1秒に約1個）の割合で失われています。このペースだと、大脳皮質のニューロンの半分を失うのに六百年以上かかることになります。

また、ここ数十年の研究の成果として、ニューロンは永久に失われるわけではないことがわかってきました。ロチェスター大学のポール・コールマンは、脳内のニューロンの総数を20才時と70才時で比較し、大きく変わらないことを示しました。新しいニューロンが

成長することを「神経発生」といいますが、毎日運動したり、新たにいろいろなことを積極的に学んだり、社会とのさまざまな繋がりによる刺激などで神経発生を促すことができるのです。また、お酒を飲むと脳細胞が失われると言われてきましたが、それもほとんど影響がないとわかっています(酒飲みには朗報です)。

実用編／お金

お金に対するマイナスイメージを払拭する

あなたは、お金に対してどんなイメージを持っているでしょうか?

「べつに、あればたくさんあったほうがいいかな」といったものでしょうか?

お金は、今すぐにでも必要という人はいても、金輪際不要という人はまずいないでしょう。ただし、これらは顕在意識からのコメントであって、潜在意識では、あなたはもっと別のことを考えている可能性があります。

たとえばそれは、子供のころの環境の影響を受けているかもしれません。「家にはそんなに余裕はないんだから……」とか、「倹約して汗水たらして働くことが尊い」とか、「お金持ちにろくな人間はいない」などといった、ネガティブなことを言われて育ったとしたらどうでしょうか。そんな言葉にさらされていたら、お金について、自分も意識しないうちに、汚い、えげつない、いやらしい、がめついなどのイメージができ上がってしまうでしょう。

日本では、公の場でお金の話をすることをタブー視する風潮もあります。つまり、お金は容易に罪悪感と結びつく環境にあるのです。

すべてのものは波動からできている、と、繰り返しお話ししてきました。お金もそうです。また、波動はエネルギーですから、お金もまたエネルギーです。とすれば、私たちの波動が高まることで、その結果としてお金も入ってくるようになります。

「実践編」で説明したエクササイズにより、お金に関するネガティブ波動、お金を儲けることに対する罪悪感や、自分はお金を受け取る資格や価値がない、といった無価値感を外していけば、金運は必ず上がっていきます。

そういう私も十分に蓄えがあるわけではありませんが、ビジネス、健康、人間関係すべてが劇的に改善しているのですから、金運だけが上がらない理由はないでしょう。

金運が改善したことを裏付けるできごとがつい最近ありましたので、紹介します。

以前勤めていた会社では、企業年金のために東京機器厚生年金基金に加入しており、そのために毎月給与から一定額が天引きされていました。ところが、運用が思わしくなかったためか基金を精算する案内が3年半ほど前に届きました。ずいぶん前の話でしたのでそのことをほとんど忘れていましたが、先日、精算による分配金の支払いの書面が届き、200万円ほどの一時金を受け取ることができるとのことでした。退職して12年目のことです。妻と一緒に「やったね！」と盛り上がりました。

私たちが持つネガティブな感情のなかで、もっとも根源的なものはなんといっても恐怖です。恐怖は死に直面しているからです。お金がなくなり貧乏になれば、いずれ食べていけなくなり死んでしまう……実際にはそんなことはありませんが、極端に将来を不安視してしまうことがあります。

だからこそ、ネガティブな波動を外していくエクササイズにおいて、恐怖の波動がなくなっていくことはとてもインパクトが大きく、さまざまなネガティブな意識を改善していくきっかけになりえます。不安や心配、恐怖が薄らいでいくと、感情が安定してくるのを実感します。

豊かになるためのテクニック

小林健さんの『5度の臨死体験でわかったあの世の秘密』(イースト・プレス)には、お金持ちになるためのテクニックが示されています。

妻と私はさっそくそれを取り入れることにしました。貯金です。とはいっても、百円ショップで貯金箱を買い、毎日100円玉を入れていくだけです。おそらく、いっぱいになると8万円くらいになるかと思います。妻と2人で16万円です。

なぜこれがいいのかというと、毎日お金が増えていくイメージを持ち続けることができるからです。お金は増えるものだと、潜在意識が少しずつ認識できます。

さらに、この方法だと、ちょっとした夢を持ち、毎日ワクワクすることができます。貯めた後、高級レストランで食事をしたり、なにか買い物をしたり、いつもと違った海外旅行の資金にしたり、そういった「ちょっとした贅沢」「ちょっとした楽しみ」に使いやすい金額だからです。

似たような方法が、濱田真由美さんと山田ヒロミさんの共著『科学で解明！　引き寄せ実験室』（ＢＡＢジャパン）に書いてありました。銀行や郵便局に毎日行って、財布のなかに残った小銭をＡＴＭに入金します。それを10回ほどおこなったら通帳に印字する、という方法です。記帳するときに、ジーッ、ジーッと印刷の音が聞こえます。今まで記帳の音は、口座の預金が引き落とされる音だと思っていたものが、口座の残高が増えたんだなと、心地よい思いを感じるように変わっていきます。印字の音イコールお金が貯まるというように、潜在意識が書き換えられるのです。

さらにもうひとつの方法を紹介します。それは、お金持ちの波動に触れることです。

赤坂に、整体師の昇龍先生とチャネラーのももさんという方がいて、私は一時よく通っていました。ものすごい人気の夫婦です。昇龍先生は子供ができない夫婦に対して施術して妊娠させたり、体に少し触れるだけで腰痛を治したりといった、常識では考えられないことをおこなう先生です。アメリカで発祥した頭蓋骨マッサージを習得され、血液・リンパ液と並ぶ三大体液である脳脊髄液の滞りを治したり、頭蓋骨の矯正をしてくれます。顔の歪みを取り、顔を小さくすることができます。八頭身を目指している方にもおすすめの先生です。

昇龍先生と私はとても気が合い、いつも施術中に話が盛り上がって、知らないあいだに時間が過ぎてしまいます。奥さんのももさんはチャネリングを通じて的確なアドバイスをしてくれます。

お二人が、夫婦でよく高級なところへお茶を飲みに行ったり、食事をすると言っていたので、私たち夫婦もそれを真似して実行しました。東京にある五つ星ホテルへ片っ端から行ってはコーヒーを飲む習慣をつけました。帝国ホテル、リッツ・カールトン、パークハイアット、ホテルニューオータニなど、すべてのホテルに行きました。最初は、お金持ちそうな人を見かけては、自分たちとはライフスタイルが違うんだと思い、うらやむ思いもありましたが、すぐに順応して、いつの間にか、高級ホテルは自分たちのためにあるとまで思うようになりました。潜在意識が変わっているのですね。

私は横浜に住んでいますが、週末はほぼ毎週東京に行っては、大きな本屋さんに行ったり、セミナーに出席したり、神社仏閣を訪れたり、美術館に行ったり、高級ホテルでコーヒーを飲んだり、赤坂や六本木、皇居の周りなどを散策して、意識を合わせるようにしています。

波 動 編

波と波動は同じ？ 別物？

海岸に打ち寄せる波、湖に一石を投じたときにできる波紋、地震が起こったときに最初に観測される波（P波）、次に観測される波（S波）、そして津波など、私たちの周りにはいろいろな波が存在します。

波は寄せては返すことを繰り返し、伝搬します。周期的にクネクネと、うねりをともなって移動していく現象が波であり、波動とも言います。

ラジオやテレビ、スマホや電子レンジなども、電波や電磁波と呼ばれる波動を出していますし、世のなかのすべてのものはこの波動から成り立っています。

世界的な天才発明家であるニコラ・テスラは、「宇宙の秘密を知りたければ、エネルギー、周波数、振動といった観点からものごとを考えなくてはならない」と言っています。

周波数ってなに？

波動は規則的に振動しています。

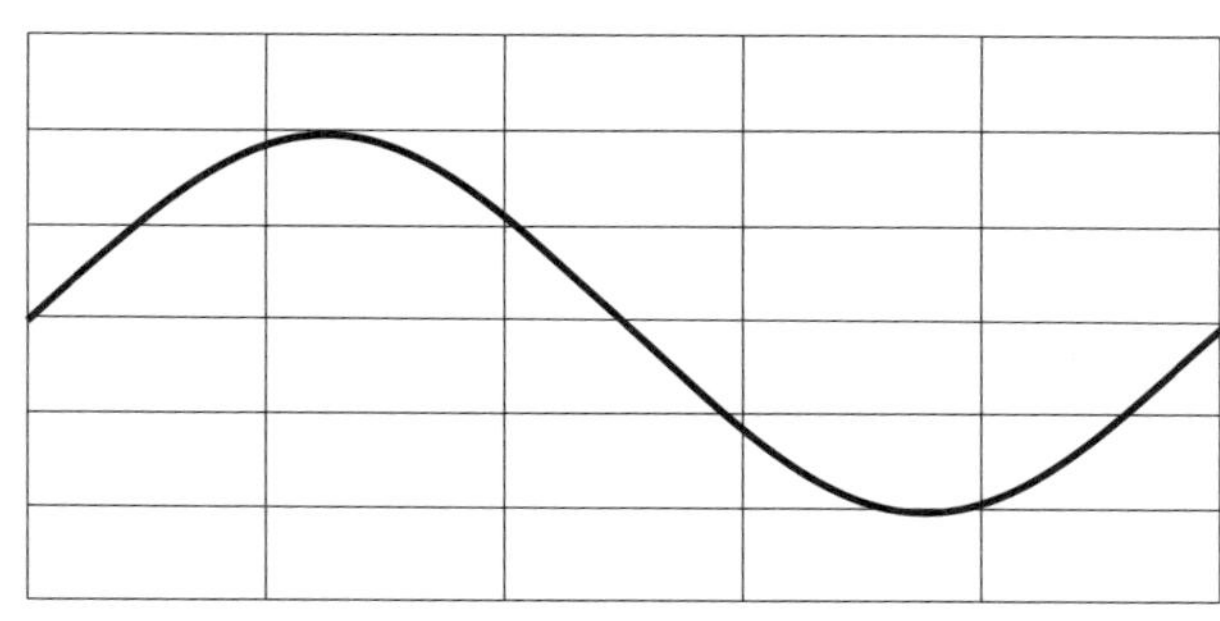

正弦波
1秒間に1回振動する波動は周波数が1Hzで、振動の周期は1秒になります。

１秒間に何回振動しているかをヘルツ（Hz）であらわします。

波動にはいろいろな周波数がある

波動と周波数について、代表的なものを次ページの一覧表にまとめてみました。みなさんになじみがあるものがたくさんあると思います。

私たち人間は、このような広い周波数のうち、20Hz～20KHzを、耳や体を通じて音や振動として感じ、380～780nmを、目を通じて光として感じ、0・8～1000㎛（赤外線）の一部を、体を通じて熱として感じることができます。しかし、これは全体から見れば、ほんとうに僅かな波動の領域です。

周波数表

10倍ずつ周波数が大きくなる →	1Hz〜		脳波（デルタ波　シータ波　アルファ波）
	10Hz〜		脳波（アルファ波　ベータ波）ピアノの一番低い音（27.5Hz）人間の可聴域の下限（20Hz）
	100Hz〜		調律に使う音叉（440Hz）人間の耳に聞こえる音 楽器　人間の声の下限
	10^{3}Hz〜	＝ 1KHz〜	日本人の声の上限（英語は破裂音があり上限は10KHz） 楽器
	10^{4}Hz〜	＝ 10KHz〜	DVDなどのオーディオサンプリング周波数 人間の可聴域の上限（20KHz）
	10^{5}Hz〜	＝ 100KHz〜	AMラジオ
	10^{6}Hz〜	＝ 1MHz〜	短波放送のラジオ
	10^{7}Hz〜	＝ 10MHz〜	FMラジオ　VHFテレビ放送
	10^{8}Hz〜	＝ 100MHz〜	地上波デジタル放送
	10^{9}Hz〜	＝ 1GHz〜	電子レンジ　無線LAN（WiFi）　Bluetooth 携帯電話　衛星放送
	10^{10}Hz〜	＝ 10GHz〜	ミリ波　レーダー
	10^{11}Hz〜	＝ 100GHz〜	テラヘルツ波
		↓ここからは波長（1回の振動〈=1周期〉の長さ）で一般的に表します。	
	10^{12}Hz〜	〜30μm	＝ 〜30×10^{-6}m　遠赤外線（4〜1,000μm）
	10^{13}Hz〜	〜3μm	＝ 〜3×10^{-6}m　中赤外線（2.5〜4μm）
	10^{14}Hz〜	〜300nm	＝ 〜3×10^{-9}m　近赤外線（0.4〜2.5μm） 可視光線（380〜780nm） 紫外線（10〜400nm）
	10^{16}Hz〜	〜3nm	＝ 〜3×10^{-9}m　エックス線（健康診断でレントゲンで使われる）
	10^{18}Hz〜	〜30pm	＝ 〜3×10^{-12}m　ガンマ線 コバルト照射による治療　宇宙線

波動にはおもしろい特徴がある

同じ波長（周波数）の波動は共振する

調律に使う音叉を組み込んだ共鳴箱というものがあります。同じ440Hz（音程の基準となるラの周波数）の音叉であれば、それを組み込んだ2つの共鳴箱の一方を鳴らすと、もう片方はなにもしなくても鳴りはじめる、というものです。

この現象が共振です。東日本大震災のとき、震源から800km ほど離れた大阪で大きな揺れを起こした建物があります。地上256メートル55階建ての大阪府咲洲庁舎で、地表で観測された震度は3でしたが、天井や壁が落下するなど、360ヶ所が損傷する大きな被害が出ました。

これは、地盤の振動周期と建物の振動周期（固有振動数）がたまたま一致したため（6・5秒に1回）、共振したことにより、揺れ振が50倍に拡大したことが原因です。

ラジオやテレビなども同じ原理で、こちらを放送局からの電波の周波数に合わせることで共振させ、信号を増幅させることで受信できます。これを検波とかチューニングと言ったりします。

私たちの周りにはいろいろな電波が飛び交っていますが、自分が見たり聴いたりしたい番組（周波数）に合わせるわけです。

情報を乗せることができる

一番シンプルな波動は、先ほどの図で示した正弦波（三角関数のサイン波）です。これがすべての基本になっています。試しにユーチューブで検索して聞いてみてください。味も素っ気もない音です。

その正弦波に、波長や振幅（山から谷までの高さの半分）や位相（山や谷の位置）の異なるいろいろな正弦波を加える（重畳とか畳み込むともいいます）ことでユニークな波動になります。

また、どのような複雑な波動も、フーリエ級数という数学を使って分解することで、すべてが正弦波の組み合わせになっていることがわかります。つまり、すべての波動は正弦波からできている、と理解しておけば大丈夫です。

とはいえ、指に指紋があるように、声にも声紋があります。みんなが同じ音程（周波数）で発音しても人それぞれ違いがあるので、これはだれの声だとわかるのです。楽器によって音色がまったく違うのも同じです。波動に含まれるいろいろな成分の微妙なバランスの違いによって、音に差が出るのです。

ラジオやテレビの電波は、もともとそれ自体には音や映像などの情報は含まれていません。搬送波（キャリア）と呼ばれる運び屋にいろいろな情報を乗せて（これを変調とか符号化といいます）送信し、受信したときにその情報だけを取り出すことで、さまざまな情報を見たり聞いたりすることができます。ＷｉＦｉや携帯電話も同じです。搬送波にデータを乗せて送っています。そして、この仕組みは人間も同じなのです。

●気の合う人、合わない人

あいつとは波長が合わないとか、馬が合わないというのは、よくあることです。

お互いに出している波動（周波数）が違えば、お互いの気持ちや情報が伝わりませんから、居心地が悪くしっくりこないわけです。逆に、気のおけない仲とか、あうんの呼吸の間柄、なんていう場合は、話さなくても通じ合うことができます。以心伝心であり、テレパシーにも通じます。お互いの波動が共振するので、搬送波に乗せた情報がお互いに伝わるのです。

妻の会社の知り合いに、たいへん優秀な営業マンがいて、その人は営業マンでありながら無口で、静かな人なのだそうです。そして、そのクライアントも、やはり物静かで営業マンに似ている人が多いそうです。波動の近い人同士が引かれあっているということなのでしょう。

●病院はなるべく行かないほうがいい

すべての病院がそうだとは言いませんが、一般的に病院は病人が溢れているところです。全体的にネガティブな波動に包まれていて、そこに、苦しいとか痛いという情報が畳み込まれています。そういう情報に影響を受けやすい場所であるということです。

「健康編」でも説明したとおり、病気も波動です。風邪やインフルエンザの菌に直接触れることがなくても、その波動に共振することで病気になり、同じような症状が出ることがあります。ですから、病院に行かなければならないときは、自分の波動を整え、自分を守ることが必要です。

●パワースポットの効能

ベアード・T・スポールディング著『ヒマラヤ聖者の生活探究』(霞が関書房)」という本があります。アメリカの学者がチームを組んでヒマラヤへ行き、聖者と呼ばれる人々と一緒に暮らしながら、彼らが起こす数々の奇跡を体験する学術的な本です。50年以上前に出版された本ですが、いまだに売れているそうです。

紹介されていたエピソードに、一つ印象的なことが書かれていました。

ある村に「平癒の廟」といわれる場所があり、建立以来そのなかではただ「生命、愛、平和」という言葉だけが口にされてきて、それが極めて強烈な波動となって蓄積され、廟を通り抜けるだけでほとんどすべての病気がたちどころに癒されるというのです。

そこでは、たとえネガティブな言葉を使ってみたところで、なんの影響もないそうです。骨化症を患って運び込まれた男性が1時間後に完全に回復して歩いて帰ったり、なくなっていた片手の指が完全に生えた男性がいたり、手足が縮んで体が歪んでいた少年が瞬間的に癒されて、歩いて廟から出ていったりするのを学者たちは目の当たりにしました。そこにはいっさいのネガティブな波動がないため、すべての人間が持つ神聖（高い波動）がそれに同調することで、奇跡が起こったのです。


さて、平癒の廟のような奇跡の場所ではなくても、日本の神社やお寺など、また世界にもパワースポットと呼ばれる場所がたくさんあります。そのような場所は高い波動に包まれていますから、私たちの波動と共振しながら波動を高めてくれます。パワースポットの効果は、目に見えなくても発揮されているのです。

私たち夫婦も、いろいろなところに足を運んでいます。

●アニマルコミュニケーション

妻の女友達にアニマルコミュニケーションができる方がいます。猫たちと話すのはもちろん、植物とも話ができます。動植物の波動に合わせることができるのです。

猫や植物と波動を合わせられるのですから、人間とももちろん合わせることができます。中国人の団体旅行客と鉢合わせたとき、中国語がわからないのに、相手の言ってることがすべてわかってしまったといいます。さらに、日本語で相手に話しかけ、相手は日本語がわからないのに、なぜか理解できて、会話が続いたそうです。

うちには5匹の猫がいます。猫はみんなでよく井戸端会議をしています。おそらく人間の言葉もみんな理解しているでしょう。いずれ、私も猫に同調して、彼らの話に参加したいと思っています。

周波数が高いとたくさんの情報を遠くまで送れる

周波数が低いと障害物を回り込みやすく（これを回折といいます）、山やビルのなかでも、あるいは雨や雪が降っても受信しやすいですが、乗せられる情報量が少なく、速度も遅くなります。

周波数が高いと、遠くまで直進しやすくなり、乗せられる情報量が大きくなります。AMラジオよりもFMラジオのほうが、さらに衛星放送のほうが音質がいいのはこのためです。

AMラジオの周波数である100KHzにテレビの映像情報を乗せることはできません。FM横浜の周波数（運び屋である搬送波）は84・7MHzですから、電波塔からだいたい50kmほど電波が飛びますし、条件が良ければ200km以上飛びます。一方で、宇宙線は非常に周波数が高いので（波長であらわすと、~30pm）、はるか宇宙のかなたから地球にまで飛んできます。

東大の小柴昌俊博士は、岐阜県に建設したカミオカンデを使って、世界で初めて宇宙線を構成する素粒子の一つであるニュートリノの観測に成功し、2002年にノーベル物理学賞を受賞しました。

周波数が高いとエネルギーも高くなる

160ページの表で見ると、周波数が高くなるのに比例してエネルギーも高くなっているのがわかります。光のエネルギーは振動数によって決まり、それは次のような式で表わされます。

$$E = h\nu \qquad (E：エネルギー \quad h：定数（プランク定数）\quad \nu：周波数)$$

この式は光のエネルギーについて定義されたものですが、実際にはすべての波動について成り立つのです。この式のとおり、エネルギーと周波数は比例関係にあります。

これに関連した経験があります。最初に勤めた会社で勤続20周年を迎えたとき、私はリフレッシュ休暇を3週間ほどとることにしました。当時の仕事は海外出張が多く、海外からの来客も多かったことを考え、英語のスキルを上げるために、休暇中に、東京にあるトマティスリスニングセンターというところに通うことにしました。

そこでは、フランスの聴覚心理音声学の権威として知られるアルフレッド・トマティス博士の理論に基づいたトレーニングがおこなわれていました。

トレーニングのはじめに、左右の耳の聴覚（周波数感度特性）を毎回チェックし、主にモーツァルトの曲を聴きます。そのとき、高い周波数はそのまま残して、低い周波数を徐々に取り除いていきます。それを繰り返すと、最後はシャリシャリした音だけになって、音楽というよりただの高い音だけになります。

これにより耳が初期化されるのです。心の傷が癒やされるばかりでなく、耳の聴覚特性が、生まれたばかりの赤ちゃんに近い状態にまで戻ります。そして、それをまた普通の音にまで少しずつ戻していきます。

ちなみに、人間の潜在意識は、主人である自分をいつも守ってくれています。大きなストレスを耳が受けると、潜在意識はストレスのもととなった音を聞かずにすむよう、シャットダウンするのです。突発性難聴の原因です。

さて、トレーニングの続きですが、毎回、音楽を聴いた後に色えんぴつで絵を書きます。胎内回帰といって、お母さんのお腹に戻っていくような、ほのぼのとした風景や、産道をイメージする絵を書くことが多いようです。

そして最後に女性のネイティブの英語を聴くのですが、それがあまりにも美しい音色で、賛美歌のように聞こえるのです。生まれてはじめての衝撃的な経験でした。リスニング能力もとても向上していました。

人間の耳にとって低い音はストレスになりますが、高音（特にモーツァルトの音楽にはたくさん含まれているそうです。とすると、癒しの情報も音楽に自然と畳み込まれているのでしょう）は、耳を通じて脳のエネルギーになるとのことでした。

高周波数のものには高いエネルギーがあるのだ、と、よくわかる体験でした。

量子力学編

量子力学ってなに？

私たちの体は、約37兆個の細胞からできていると言われています。数が多すぎてちょっと想像できませんね。

細胞をさらに分解していくと、タンパク質や水などの分子からできているのがわかっています。その分子は原子から、原子は原子核と電子から、原子核と電子は素粒子からできています。

つまり、体だけでなく、机や壁や空気など、この世のあらゆるものは素粒子からできています。

元素周期表を見たことがあるでしょう。周期表の一番左上にあるのが、もっともシンプルな原子である水素です。水素原子は電子を１つ持っていますから、原子核の周りを電子が１つ回っています。水素原子の大きさを東京ドームとすると、その原子核はせいぜいサッカーボールくらいの大きさです。

超高速で電子が回転することで粒子となり（毎秒２０００㎞のスピードですが、光の速度と比較すると１００分の１程度です）、気体や液体や固体に変化し、私たちの体の一部を構成します。

酸素や炭素など、水素原子以外も、素粒子の構造は違いますが同じように振る舞います。

一方で、マクロの世界を見ると、月は地球を約27日かけて、地球は太陽を365日かけて公転していますし、太陽系も約2億2000～2億5000万年かけて天の川銀河を1周しているとされています。

このように、ミクロとマクロはフラクタル（自己相似型）で成り立っているのです。

これらの原子や分子などは、面白いことに粒子と波動の両方の性質を持っており、あるときは粒子として、そしてまたあるときは波動として振る舞います。これを「量子」といい、それを理解するための学問を量子力学といいます。

素粒子は17種類あるとされており、そのなかには光子も含まれています。それが波動として振る舞った場合は、「波動編」で説明した、電磁波である光（380㎛～780㎛）に姿を変えるのです。

では、原子や分子が粒子なのか波動なのか、なにがそれを決めるのでしょう。それは、驚くなかれ、人間の意識なのです。人間が意識すると波動が粒子に変わるのです。意識は量子レベルのエネルギーであり、具体的には光子（人間をはじめ、生物の場合にはバイオフォトンといいます）に相当します。人間は思考や感情によりたくさんの波動（バイオフォトン）を放出しており、自分が意識したものすべてに影響を及ぼすことになりますし、バイオフォトンを受け取ることでもまた影響を受けます。

村松大輔さんが、『「自分発振」で願いをかなえる方法～量子力学的生き方のすすめ～』（サンマーク出版）という、とてもわかりやすい本を出されていますので、量子力学と意識や生き方について学びたい人におすすめします。

私たちの本質を明らかにした量子力学

般若心経は、２７６文字のなかに大乗仏教の真髄が凝縮された経典です。

なかでも有名な一節「色即是空」や「空即是色」などは、耳にした方も多いと思います。曰く、この世の万物は形をもつが、その形は仮のもので、本質は空（くう）であり、不変のものではない、その逆もしかり、という意味ですね。

今は量子力学が幅を利かせていますが、これはせいぜい１００年前からのことです。般若心経は２０００年以上前から存在し、しかも真実をついています。

しかし、般若心経はとても哲学的であり、一般人にはなかなか理解が困難なところがあります。

量子力学は、アルバート・アインシュタイン博士が提唱した相対性理論と並ぶ、数学を駆使した学問です。非常に難解ですが、私たちにとっては深遠な科学であり、私たち人間の本質を示唆しています。

さて、私たちの意識が、原子や分子などを波動から粒子へ変えると述べましたが、これはすなわち、さまざまな可能性（ポテンシャルエネルギー）である波動を具現化（物質化など）することに他なりません。

少し宗教的な表現になるかもしれませんが、このことは、私たちが他の動植物などと違う、全知全能の存在であることを意味しています。ただし、動物や植物、昆虫などのなかには、人間以上の高い波動を持っているものも多くいます。私たちと彼らとは地球での役割が違うだけであって、お互いの間に上下関係は存在しないのです。

もし野生動物や植物が消滅してしまったら、たちまち地球の波動のバランスが崩れてしまうでしょう。それほど、動植物のピュアな波動は地球の波動バランスを最適な状態へと整えてくれているのです。

人間は万物の霊長と言われて久しいですが、それは思い上がった考えです。この考えは無知から来ています。たとえば、イルカの知能や意識は人間のそれを超えていると言われます。イルカは私たち人間を癒やしてくれますが、私たちがネガティブな状態にあるときは、私たちがいること自体を認識できないのだそうです。人間から見ると無視されているようですが、そうではなく、人間側の波動が低すぎてキャッチすることができないのです。

では、人間の無限の可能性について、具体的な事例を見てみましょう。

意識で筋肉をつけたり減量したりできる

濱田真由美さんと山田ヒロミさんの共著『科学で解明！　引き寄せ実験室』（ＢＡＢジャパン）から要約して紹介させていただきます。

カナダのビショップ大学で、シャッケル博士らが、イメージトレーニングが体に与える影響について研究をしました。股関節屈筋の変化を３つのグループに分けて実験したのです。

Aグループは2週間毎日15分ずつ実際にトレーニングをおこない、Bグループはトレーニングはしないでビジュアライゼーション（イメージトレーニング）だけをおこない、C

グループはなにもしませんでした。2週間後、Aグループは筋力が28％アップ、Bグループは24％アップという驚くべき結果になりました。Cグループは変化がありませんでした。

また、アメリカのクリーブランドクリニック・ラーナー医科大学のランガナタン博士らによる研究では、ビジュアライゼーションだけで小指外転筋の力が強化されるかどうか実験がおこなわれました。12週間、毎日15分ずつ継続した結果、実際にトレーニングをおこなったグループは筋力が53％アップし、ビジュアライゼーションだけをおこなったグループも35％の筋力アップが観察されました。なにもしないグループはもちろん変化はありませんでした。

イメージトレーニングだけで筋肉強化が可能である学術データは、これ以外にも数多く存在しているそうです。

次は、2ヶ月間で無理なく10kgの減量に成功した、山田ヒロミさんの体験です。「体を絞りたい」と望んでいたヒロミさんは、ビジュアライゼーションでダイエットも可能ではないかと思い、自分の体を使って試してみました。まずは「体脂肪が溶け、体を元気にする水分になる。その水分が血液に溶け込み、全身を流れる」というイメージをしました。これを3日間続けたところ、ウエストはサイズダウンしたものの、内臓脂肪率がアップするという不本意な結果になりました。しかし、イメージの力で体内に変化が起こることは確認できました。

今度は「脂肪が燃えて、体のエネルギーの元になって消える！」というイメージに変えて再度チャレンジしてみました。ところが、ヒロミさんは運動嫌いで、体を鍛えた経験がなく、減量の仕組みも知りません。そのため明確なイメージができませんでした。そこで、ダイエットのためのレッスンを、たいへん有能で実績のあるコーチから週に1回受ける経験をして、体重が減る仕組みを学びました。そして1週間のうちの残り6日間分の運動を、電車で移動中や、眠る前の布団のなかで、イメージトレーニングで補いました。その結果、体重67・9kg 体脂肪率40％ ウエスト93cmが、30日後には62・2kg 36％ 88cm、60日後に57・9kg 34・2％ 81cmになったそうです。

確率は変えられる

森岡毅さんと今西聖貴さんは、数学マーケティングによりＵＳＪの業績をＶ字回復させた二人です。『確率思考の戦略論　ＵＳＪでも実証された数学マーケティングの力』（角川書店）に詳しく載っています。また、西内啓さんは『統計学が最強の学問である』（ダイヤモンド社）」で、確率統計学を身近な学問にしてくれました。今ではビジネスなどで応用される事例が非常に多いと思います。

しかしながら、それに当てはまらない現象もあります。万有引力に代表されるニュートン力学がすべての物理現象をカバーすることができないために生まれた、相対性理論や量子力学のようなものです。

宝くじの話をしましょう。2018年年末ジャンボ宝くじの1等の当選確率は0・000005%です。これは2000万分の1になります。2000万枚（60億円分）買って、やっと1枚当たる計算です。当たりは2等から7等までありますから、それらと前後賞や組違い賞を含めた、すべての賞金と当選確率を掛け合わせたものが期待値です。この場合の1枚あたりの期待値は約150円ですから、1枚300円の宝くじを買った瞬間に150円をドブに捨てていることになります。

胴元は労せずして大きな利益を得ることができるというわけです。ギャンブルすべてに言えることですが、必ず胴元が儲かります。

ところが、ラスベガスでそれをくつがえすできごとが起こったのです。

ジョー・ギャレンバーガー博士の著書に『富と成功の秘訣』（ハート出版）がありますが、彼は、人生で成功するための方法論を編み出し、実践するための場として、ラスベガスのカジノを選びました。もしも自分の思うようにサイコロの目やカードを出すことができれば、人生もまた、自分の思うように生きることができるようになるはずと考えたのです。

まずは3年間カジノに通って研究した後、参加者を募って「インナー・ベガス・アドベンチャー」と銘打ったワークショップを14年間に渡り、いくつかのカジノで開きました。対象となる参加者は、健全な精神を持ち、瞑想の経験があって、活発なグループワークが得意な人でした。ワークショップでは、最初にヘミシンクによる瞑想、望みを具現化するための誘導瞑想などのセッションがおこなわれ、その後、カジノで3日間の実践をおこないます。

その際、カジノでゲームをやっているメンバーに対して、他のメンバーは近くに寄って、結果にもっとも影響力のある愛や調和の波動を送ります。

結果、トータル60回におよぶワークショップにおいて、58回(96・7%の確率)利益を獲得し、なかには掛け金の10倍の賞金を全員で手にしたこともあったそうです。

また、あるワークショップでは、博士が、ハートのパワーは絶大で、どんな目標でも達成できることのすばらしさを伝えるために、メンバーのいる前でポーカーゲームをおこないました。みんなが静かに見守るなか、意識を集中させ、たった1回でロイヤルストレートフラッシュを引きました。この大当たりが出る確率は16万分の1で、賭けた5ドルが一瞬で4300ドルに姿を変えたのです。

「体験編 before」でも書きましたが、私の株式投資は統計数学的には大きな利益を生むはずだったのにもかかわらず、失敗に終わっています。それがなぜなのか、この本でよく理解できました。

恐怖や不安などのネガティブな思考が結果に大きく影響をおよぼすのですから、余裕資金で投資をすることの大切さが遅ればせながら身をもってわかりました。

祈りの絶大なる効果

アメリカでは、すでに医師の50%が治療に祈りを取り入れています。1988年におこなわれた、心臓外科医のアンドルフバーグ氏の実験では、心臓病患者393名に対して、東海岸から西海岸に向けて祈りました。二重盲検法（誰が祈られているかわからない）によって、半分の人に対し祈って、残り半分の人に対しては祈らない、という実験が10ヶ月間おこなわれたのです。結果、祈りを受けた192名は、人工透析器、呼吸器、抗生物質の使用量が激減しました。なんと、呼吸器についてはほぼゼロパーセントにまでなったのです。

医療ジャーナリストであるリン・マクタガートは、世界的にベストセラーとなった『フ

ィールド　響き合う生命・意識・宇宙』の著者ですが、彼女は新たに『最新科学でわかった意識が起こす奇跡　パワーオブエイト』（ダイヤモンド社）を著しました。それによると、２００８年のワークショップにおいて、８人ほどの少人数グループに分けて意識を送る実験をおこない、もしそのなかの１人をみんなで癒そうとしたらなにが起こるだろうかと検証したのだそうです。

第１回目では、互いに面識のある人がいないように確認しながら、１００人の参加者を8名ずつのグループに分けました。各グループ内から心身に問題がある人に名乗り出てもらい、意識を送るターゲットになってもらいました。グループの人々は円になって手をつなぎ、ターゲットとなった人が問題点を告白し、残り7人で10分間祈りを捧げました。

結果、不眠症に悩まされていた女性はここ数年で初めてぐっすり眠れたと言い、ひどい足の痛みに悩まされていた女性は、覚えている限り9年間で一番痛みがひいたと言い、慢性的な偏頭痛で、夜に目を覚ますことの多かった女性は頭痛が消え、ひどい腹痛や過敏性腸症候群などの症状がなくなったと述べた人もいました。うつが解消した人もいました。

第2回目以降でも、顕著な結果があらわれました。多発性硬化症を患っていた人は、補助器具なしでの歩行は困難な状態だったにもかかわらず、意識を送った翌日には松葉杖をつかずに会場にあらわれました。片方の目に白内障らしき症状が出て、物が見えづらくなっていた人は、翌日には視力がほとんど回復していたと述べました。関節炎に悩んでいた人は、ひざを90度以上曲げられない状態でしたが、グループの2人が彼女のひざに手を当てた状態で祈りをおこなった結果、ひざが暖かくなり筋肉が震えだし、その夜にはふつうに歩けるようになりました。このような例が何百、何千と起こったのです。

さらに、実際に同じところに集まらなくても、ネット上でつながるだけで同じ効果があり、祈りは距離に影響を受けないことがわかりました。また、効果は病気だけにとどまらず、人間関係を修復したり、紛争や暴力の発生率を下げることもできました。さらに、祈りを送られた方だけではなく、祈りを捧げた本人にもいい影響があらわれました。病気が治ったり、改善したり、人間関係がよくなったりなど、さまざまなことが起きたのです。

よく、脳は肯定と否定を区別できないとか、一人称二人称三人称を区別できないと言います。ですから、相手のために祈ることは、結果的に自分のために祈ることと同じなのです。

思考を現実化するには

成功哲学の祖、アメリカのナポレオン・ヒル博士は、鉄鋼王として知られるアンドリュー・カーネギーが書いた紹介状を頼りに、後に成功者となるであろうさまざまな人に面会し、その成否を見守ることで成功者に共通した特質を研究しました。そして、その研究をもとに、名著『思考は現実化する』（きこ書房）を世に遺しました。

また、ロンダ・バーンの『ザ・シークレット』（角川書店）が世界的ベストセラーになったことで、堰を切ったように、引き寄せの法則に関連する書籍が書店にあふれるようになりました。もちろん私も、いろいろと手を変え品を変え、トライアンドエラーを重ねながら実現を目指しましたが、残念ながら本のとおりにはうまくいきませんでした。潜在意識を書き換えようとしたり、アファメーション（自分自身に対する肯定的な宣言）をしたりと試行錯誤はするものの、目に見えた結果が得られなかったのです。

濱田真由美さんと山田ヒロミさんの共著『科学で解明！　引き寄せ実験室』には、バナナを引き寄せる実験について書かれてありました。それは、ほんとうに簡単に実現できます。私は翌日に引き寄せすることができました。前日に考えたバナナのことは、当日すっかり忘れていましたが、スーパーに買い出しに行ったら、レジで前のおじさんの買い物かごのなかに入っているのが見えました。「おう、見いつけた、あったあった！」という気持ちになりました。

なぜバナナだけが引き寄せに成功したのでしょうか。その理由は、バナナは安価であり、執着がまったくないので、潜在意識がじゃまをしないからです。

これがお金や高級なもの、仕事や健康などが対象になると、一転して執着が起こり、自分はそれを受け取る資格がないと思ったり、最終的に引き寄せられなかったときに大きく落胆したり、不安を感じたり、引き寄せできたとしても、今度は失いたくないという恐怖を招いてしまうために、潜在意識が最初からブロックしてしまうのです。


こうした問題に対する解決を与えてくれたのが、「体験編 after」の冒頭でも紹介した、並木良和さんや関野あやこさんでした。

私たちは、この地球上で、前世も含めて長いあいだネガティブな波動を受け続け、発信し続けてきました。母なる大地である地球は多くの多種多様な生命を育んでくれたのですが、その地球自体はネガティブな惑星であって、私たちは、私たちの本質である無限の可能性が発揮できない環境のなかで生きてきたわけです。

しかし、そのネガティブな波動は、今までに述べてきたように、簡単に外すことができるのです。ネガティブな波動がなくなっていけば、残るは周波数の高いポジティブだけです。そうなれば、自分の身の周りに起こるさまざまなできごとは、どんどんいいことばかりになっていきます。私はエクササイズをはじめて1週間くらいで実感することができました。

さらに波動が高まるにつれ、幸せに物質が引き寄せられるがごとく、願いや夢が実現しやすくなり、シンクロニシティが増えていきます。すごいことだと思いませんか？　ワクワクしますね！

世界には現在、約76億人が住んでいます。ほとんどの人たちは、毎日生きながらいろいろなできごとに遭遇しては、外からのことに一喜一憂したり、右往左往する生き方をしているでしょう。ですが、実際は、私たちの思考や感情が大量のフォトンを発生させ、それに対応した現実がつくられているにすぎないのです。例外はありません。ネガティブな波動を出せばネガティブな現実が、ポジティブな波動を出せばポジティブな現実が創造されます。

ですから、ネガティブな現象が目の前に繰り広げられたときに、それを他の人や、会社や、世のなかのせいにするのではなく、自分の意識がつくったんだと認識しなくてはいけません。すべての責任は自分にあります。自分が人生の主人公で、自分の意識によって投影される現実は、自分に従うものなのです。

また、ネガティブなことが起こった後に、それを何度も思い出して反芻することがあるかと思います。落ち込んだり、ああでもないこうでもないといろいろなことが頭を駆け巡り、後悔したりするでしょう。私もそうでした。

しかし、よく思い出してください。私たちが意識したことは物質化するのです。暗い思い、後悔を意識し続けるのはよくないとわかるはずです。

意識しなくなれば波動に戻りますから、ネガティブなできごとを受け止めた後は、早めにそれを手放してください。そうしなければ同じ現実がまた創造されてしまいます。

「宇宙編」でも述べますが、現実は「今この一瞬」しか存在しません。今の意識や感情に対応した未来や過去は同じ時空にすべて畳み込まれていますから、意識したことは必ずやってくるのです。

宇宙編

最終編になりました。
宇宙編には、私がみなさんに伝えたい
強いメッセージを込めました。
荒唐無稽と思われるかもしれませんが、
100％真実であると私は信じています。
どうか、先入観を持たずに
読み進んでいってください。

人類の起源

私たちは父と母から生まれました。そして、父も母もそのまた父と母から生まれました。そうして先祖をさかのぼっていくと、アフリカのケニアにいたトゥルカナ・ボーイとかエチオピアのルーシーと呼ばれる存在に行きつくと言われています。さらにさかのぼると、およそ700万年前にチンパンジーから分かれた人類の祖先へ行き着くと言われていますが、本当にそうなのでしょうか？

答えはノーです。私たちの起源は宇宙にあるのです。

いままで紹介してきた、サアラさんや、並木良和さん、松久正先生、そして、不食の弁護士として知られる秋山佳胤先生は、前世が宇宙人であると公言しています。地球は太陽系のなかにあり、天の川銀河に属しています。天の川銀河には約1千億個の星があり、さらに銀河は宇宙に約1千億個あると言われています。気が遠くなるほどの数です。

そう考えると、私たち人類以上に発達した知的生命体が宇宙にいないと考えることはナンセンスでしょう。サアラさんは、著書『覚醒への道』（徳間書店）で、人類が宇宙から来たことを詳しく説明しています。

私は子供のころから天体に非常に興味を持ち、中学生のとき、親に無理を言って天体望遠鏡を買ってもらい、夜な夜な月や星を観測していました。また妻は夜空の星を見ながら郷愁を感じ、早く帰りたいと思っていると最近よく言っています。

どうも地球は他の惑星と大きな違いがあるようです。1つ目は生き物の多さです。その種類は全部でおよそ870万種類と推定されており、これは宇宙のなかでももっとも多いようです。2つ目は、非常に波動が低い惑星だということです。地球の波動の低さのために、私たちは制限された周波数のもとで、本来の自分の能力を出せないまま何度も生まれ変わることになりました。

私たちの先祖である宇宙人は全知全能の存在でした。そこにはなにひとつ不自由なことはなく、すべてを理解し、思いはすぐに実現しました。だからこそ、地球という非常にユニークな惑星に興味を持ち、ネガティブな体験をするために地球に転生し、今に至っているそうです。

レインボーチルドレンと呼ばれる人たちがいます。フィギュアスケートの羽生結弦さんや、エンゼルスで活躍する大谷翔平さん、女子プロテニスの大坂なおみさん、10才で囲碁の最年少プロとなった仲邑菫さんなど、若くしてすばらしい活躍をしている人たちのことです。彼らは、私たちの持つ無限の可能性を気づかせるために、宇宙からやってきて転生してきた人たちです。つまり彼らは、人類の覚醒のサポートを目的とした人たちなのです。

最近の子供たちのなかには、欠けてしまった歯をもとに戻すという、驚異的な復元力をみせる子や、習ったことも聞いたこともない外国語を突然話せるようになる子もいます。大人の私たちには到底理解できない物理学や哲学について語りだす子や、誰からも習っていないのに、宇宙の法則をわかりやすく解説して説明できる子供も存在しているそうです。

この子たちの存在も、私たちの可能性を教えてくれています。

バシャールという存在

アメリカにダリル・アンカという人がいます。いままでにも何度か紹介してきた、バシャールという存在とチャネリング——テレビやラジオと同じで、こちらの周波数を相手に合わせてコミュニケーションをとる——の能力を持っている人です。彼は、30年以上前から来日しており、いろいろな本を出版しています。ユーチューブに字幕付きの動画もアップロードされています。

バシャールは、オリオン座近くの惑星エササニに住んでいて、複数（数億）の意識体を総称しています。バシャールについては、アクアビジョンの代表である坂本政道さんがわかりやすくまとめてくださっているので、詳しい解説はそちらに譲ります。

彼らの世界は喜びと無条件の愛に満ちあふれた世界です。私たちはネガティブに、バシャールはポジティブに根ざした惑星にいます。

また、彼らの使う、生命体の発達の度合いを示す指標に、密度と周波数があります。これらは、私たちが普段使っている密度や周波数の概念とは違っています。

ユーチューブで配信されたバシャールの最近のコメントを紹介します。配信元はメタフィジックス通信　http://metaphysicstsushin.tokyo/　です。

波動が上がると理解力が高まります。つまり、相手と共用できる波動域が広がり、つかめる波動もそれだけ多くなります。そして、いったん広がりを見せた波動は広がる前の波動域にもどることは絶対にありません。ただし、広がる前の波動域へのアクセスは可能です。大は小を兼ねるという具合です。波動が上がると小さなことにこだわらなくなります。みなさんの疑いを上書きするほどの自信がみなぎり、心地よい静けさが心を支配するようになります。自分は繊細でデリケートだからというコメントも存在しません。これは、自

ポジティブとネガティブ

ポジティブ	ネガティブ
喜びが基にある思想	恐れが基にある思想
他者に対する奉仕	自己に対する奉仕
なにごとも楽にできる	なにごとも困難
流れに任せる	無理に強いる
統合	分離
調和	非調和
真実の自己に合致する	真実の自己に合致しない

生命体の発達と、密度と周波数の関係

第3密度（地球） 60K〜150KHz	第4密度 180K〜250KHz	第5密度への移行領域 （バシャール） 250K〜333KHz
自分が現実を創造していることに気づいていない。	自分が現実を創造していることに気づいている。	
自分が「一なるもの＝大いなるすべて」とひとつであることに気づいていない。	自分が「一なるもの」とひとつであることに気づいている。	
常に喜びに満たされているわけではない。怒り、憎しみなどを体験する。	常に喜びに満たされている。怒り、憎しみなどを体験しない。	
意識は個人個人で隔離されている。	集合意識として意識を共有することが多くなる。	
第3密度的な信念がある。	第3密度的な信念がない。	
必要な情報（知識、英知、記憶）にアクセスできない。	必要な情報（知識、英知、記憶）にアクセスできる。	
シンクロニシティが少ない。	シンクロニシティが多い。	

分を小さく見積もることでやってくる極めて控えめな波動だからです。波動が上がるとなにもかもが輝いて見えます。なにもかもが嬉しく思え、美しく見えます。ふだん見慣れた公園の木立がたいへん美しく見えたり、「おはようございます」のちょっとした一言に心がウキウキしたりと、さまざまな波動に共鳴して感動をおぼえます。波動が上がると食事がおいしく感じられます。お腹が空いたときに好きなものが食べられる瞬間のように、体が喜び心が喜んでいるのを感じることができます。また、会話が楽しく感じられます。ポンポンとアイデアが飛び交い、どのタイミングのどこで話すかなどトピックやジョークをうまく練り込んだ話をお腹いっぱい堪能できるようになることを意味しています。このように、なにもかもがうまく運ぶようになります。なぜかというと、文句やクレーム、問題や困難、悲しみや嫉妬など、ネガティブなエネルギーが存在する上を行くからです。つまり、そういった低い波動を含みつつも上へ上へと上昇してゆくことを意味しています。そして、ついにはそういった低い波動があることさえもわからなくなっていくわけです。

「体験編　after」の冒頭に紹介した関野あやこさんは、30年以上前にバシャールの存在を知り、ダリル・アンカと一緒に、または単独でのワークショップを日本や海外で開いて、私たちの波動を上げていく活動をずっと続けています。

ダリル・アンカと一緒のワークショップでは、バシャールの日本語への通訳をご主人である関野直行さんがつとめ、関野あやこさんの英訳を佐藤レイナさんがおこなっていますが、お二人ともにとても通訳のレベルが高く、理解しやすいです。

妻は横浜で行われたワークショップに参加したことがあります。妻より関野さんのほうが明らかに年齢が上であるにもかかわらず、自分よりも若く見えたと言っていました。波動を浄化すると若返るんですね。また、みんなでおこなうワークのとき、たまに関野さんが近くに来ると、その姿を直接見なくても、鳥肌が立ち、存在がわかるのだそうです。波動があまりにも違いすぎて、すぐわかってしまうんですね。

バシャールに関係した、アクアビジョンという団体についても、ここで簡単に説明します。

ヘミシンクという音響技術は、アメリカのロバート・モンローが開発したもので、左右の耳に少し異なる周波数の音（100Hzと104Hzなど）を聞かせて、ビート（うなり）を発生させるもので（ヘテロダイン現象といいます）、こうすると、ふつう耳では聞こえない差分の4Hz（シータ波と呼ばれる脳波）がつくられ、耳を通じて左右の脳へ送られることで、同調して、意識を変性意識へと誘導してくれます。

その技術を導入し、日本でワークショップを中心に活動している団体がアクアビジョンです。ヘミシンクを使うことで、過去生に行ったり、死んだ肉親や友だちと会ったり、体外離脱をしたり、宇宙へ旅行に行ったりと、さまざまなことをおこなっています。バシャールとコンタクトするプログラムもありますし、そのための本もあります。

私はバシャールのワークショップに参加したことがあります。体験後にみんなで情報をシェアするのですが、ほとんどの方がバシャールとの交信に成功していて、なかには宇宙船に入ってハグしたという方もいました。私は、そのときはうまくできず、がっかりして帰路につきました。しかし、その夜、風呂でバシャールとのコンタクトに再度トライしてみました。そうしたら、なんと、聞こえるはずもない南米の軽快な音楽がかすかに聞こえるのです。風呂の窓は閉めていましたから、外からの音ではありません。耳を澄ますとずっと聞こえています。そうか、祝福してくれているんだなとわかりました。

パラレルワールドってなんだ？

「ビジネス編」で、パラレルワールドのことについて少し触れました。
私たちは、毎瞬、何十億通りものパラレルワールドのなかから、そのときの意識や感情によってつくり出される波動に対応したパラレルワールドを選択している、とバシャールは語っています。

私たちは日常においていろいろな判断をしています。通勤のときにどの電車に乗るとか、今日はごはんをなににするかとか、どの道を歩いて帰ろうかとか、業務上でのさまざまな判断などもそうです。

そのときに、選択をしなかった方の現実もすべて並行して存在しているのです。

たとえば、２０１６年のアメリカ大統領選挙では共和党のドナルド・トランプが勝利しましたが、このとき、民主党のヒラリー・クリントンが勝った現実も存在していたのです。ただ、私たちはその周波数に合っておらず、違う現実を選択しているので、それを体験していないだけです。

パラレルワールドを実際に体験した例を挙げてみましょう。

サアラさんの著書『覚醒への道』（徳間書店）に、パラレルワールドについての体験談があります。

サアラさんの子供がまだ小さかったとき、彼女は重たい植木鉢を抱えたまま外の階段を降りようとして、うっかり踏み外して頭から転落してしまったことがありました。バキッと大きな音がして、次の瞬間目から火花が飛ぶかと思うほどの痛みがあり、おそるおそる振り返って自分の足を見ると、とんでもない方向を向いていたのだそうです。「これはマズイ」と思うと同時に、走馬灯のようにこの先の現実が頭に浮かび、彼女は「無理だ！」と判断しました。サアラさんは、離婚して子どもたちを一人で育てていましたから、入院などしていられる状況ではなかったのです。そこで、明確に別の可能性を選択しました。元気に充実した生活を送っている現実です。彼女は、壊れた植木鉢を落としただけで、自分自身は階段から落ちていない過去を選択し直すことができました。おかげで足はなにも起きていない状態になりました。

並木良和さんの著書『みんな誰もが神様だった』（青林堂）のなかで、並木さんは、「もしも自分が自分の現実をつくっているのだとしたら、自分がこうしたいと思えばそのとおりの現実になるはずだ」と思い、いろいろな実験をしたと書かれています。

並木さんはハワイが大好きでしたが、あるときの旅行はハイシーズンでたいへん混雑しており、どの飛行機も満席状態で、「席がとれても同行者とは便が別れてしまいます」と旅行会社から言われたのだそうです。

そのとき、並木さんは認識力と感性が広がったことで、今までとらえられなかった波動の領域をとらえることができるようになっていました。パラレルワールドも見えていたのです。そこで、たくさんのパラレルワールドをよく観察していると、突然、光の橋がかかって、ひとつのパラレルワールドへ意識が飛びました。そこにいる自分に意識を同調させると、「みんなで行っているハワイ」をありありと実感できるようになりました。そして1週間後、望み通り、同じ飛行機の席が取れたそうです。

画家のＣｈｉｅ Ａｒｔさんは、秋山佳胤先生との対談本『選べば未来は一瞬で変わる』（ヒカルランド）のなかで、いろいろなパラレルワールドの経験を語っています。

秋山先生がＣｈｉｅさんをドライブに誘ったときのこと。二人で高速を走っていると、なぜか突然反対車線を走っていたことがあったといいます。しかも、二人ともがそれを覚えているそうです。また、「乗っていた電車がいつのまにか変わってしまう」現象もあり、有楽町線に乗っていたはずなのに、気がつくと西武線のなかにいたこともあるそうです。Ｃｈｉｅさんは同時に多次元に存在していることになります。

私も、「体験編 ａｆｔｅｒ」で紹介したように、1月3日に実家から帰ってきたとき、渋滞により横浜青葉ＩＣに到着する時間が12時半前後になる予定が11時37分に着いたり、3

月29日に台北を日本時間の14：30過ぎに出発して羽田空港へ16：45に到着したり、物理的にありえないことを立て続けに経験しました。私もまた、時間軸の違うパラレルワールドを選択していたのです。


ひとつ、パラレルワールドに関連する大切な概念があります。

今現在の毎瞬だけが存在していて、過去や未来は存在せず、今に畳み込まれているというものです。時間は私たちの幻想であり、地球独特のものなのです。これは、今の意識が変われば過去や未来も変わることを意味しています。

過去に起こったネガティブなことを回想したとき、今の感情がポジティブであれば、それに応じて、過去もポジティブに変わるように感じますし、未来のことを考えるときも、現在がポジティブであれば不安は感じず、ポジティブに考えることができます。現在の時点で、すでに別のパラレルワールドへシフトしているわけです。

実感として捉えにくいことですが、これが真実です。

ですから、今この瞬間をポジティブに生きることがとても大切です。自分の経験するすべてのできごとは、現在の意識の結果で成り立っています。例外なく、自分の波動に合った現実を引き寄せているのです。

私たちは永遠なる存在

30才のとき、ロバート・モンロー著『魂が肉体を抜け出す　体外への旅』（学習研究社）という本を読みました。これはおもしろそうだと思い、さっそく自分でも体外への旅を試してみました。

週末の朝、まどろんだ状態で、頭よりもさらに1メートルくらい先を意識し、魂が離れていくのをイメージしました。細かな振動が続き、魂と肉体が綱引きをやっているような引力を感じました。さらに強く意識していると、突然、スッポン！　という感覚をともなって魂が体から抜け出て、天井に自分が浮かんでいました。

ふわふわと空中に漂って、肉体に拘束されないことがとても気持ちよく、意識ははっきりとしていました。重力はまったく感じられません。下を見ると、自分の体がベッドの上で寝ていました。心なしか血の気が少ないように感じました。これは夢ではない、だから証拠を残す必要がある、と思い、私はベッドの上の目覚まし時計で時間を確認しました。6時少し前でした。

それからは探検隊に変身です。壁を通り抜けて隣の部屋に移動することができました。

あたりを観察しましたが、いつもと一緒の光景です。今度は外に出ようと思いました。私の住んでいるアパートの前には民家があり、犬を飼っていました。窓をすり抜けて、犬の間近に寄ってみました。

それから部屋に戻り、本のとおりに自分の体の一部を意識したところ、肉体へ無事に戻ることができました。今度は肉体のある自分が目覚まし時計を確認しました。5時半過ぎでした。理由はわかりませんが、時間が少しさかのぼっていました。

体がなくてもふつうに考えることができ、移動もできました。自分の本質が肉体ではなく意識であることを身をもって体験したのです。本質が意識であるということは、肉体が消滅しても永遠であるということです。そのことがわかって、死に対する恐怖はなくなってしまいました。

『ＬＩＦＥ ＳＨＩＦＴ 100年時代の人生戦略』リンダ・グラットン、アンドリュー・スコット共著（東洋経済新報社）がよく売れているそうです。そのなかで、過去200年間、人の平均寿命は頭打ちすることなく伸び続けており、2017年には主な先進国で半数以上が100歳よりも長生きする、との予測が書いてありました。

また別の本では、人間はもともと120才まで生きていけるように設計されているとも書いてありました。

さらに、波動編で紹介した『ヒマラヤ聖者の生活探究』ベアード・スポールディング著（霞が関書房）には、35才くらいにしか見えない1000才の聖者や、700年以上生きているが50才弱にしか見えない聖者がいたり、どう見ても18才程度の美少女が実は400才であったことが書かれています。さらに驚くべきことに、彼らは肉体を消したり現わしたりすることができるのだそうです。自分の意識で自分の肉体を具現化したり波動に戻すことができるのです。ここまでくると、寿命とはなんなのかわからなくなってしまいますね。

Kan.さんのことを紹介します。Kan.さんは日本人で、『時空を超えて生きる　潜象界と現象界をつなぐ』（ナチュラルスピリット）という本を出されています。中国の道教に伝わる覚醒のための秘術の正統な伝承者です。

Kan.さんは高校、大学とラグビーの選手でしたが、大学での試合中に大ケガ（脊髄損傷）をしてしまい、選手生命を絶たれてしまいました。病院に入院中のある日の深夜、彼のもとに中年のオジサンが訪ねてきて、あるポーズをとることを教えてくれたといいます。そのポーズを、暇に任せて続けたところ、ケガが完治したのだそうです。

それから彼は、国内外のさまざまなところに行っては修行をし、最終的に道教の伝承を受け継ぐ「クンルンネイゴン」のマスターに出会い、今に至っています。

本の序章におもしろいことが書いてありました。広島の旅館でお茶を淹れに入ってきた仲居さんが、「お客さん、クラゲみたいに透けてますよ！」と驚いて、Ｋａｎ．さんの写真を撮ってくれたそうです。その写真が本に載っていますが、浴衣は写っているのに体はスケスケです。また、下北沢のカフェでＫａｎ．さんがくつろいでいたら、すぐそばの席から、女子高生のキャーッと叫ぶ声が聞こえてきました。振り返ると、店内の全員がＫａｎ．さんを見ています。ふと手元を見ると、コーヒーカップだけが浮いていて、それを持っているはずの手が見えないのです。「おお！」と思った瞬間、コーヒーカップは床に落ち、その拍子に目に入った自分の肉体はところどころ消えていたそうです。またあるときは、ワークショップを終えて帰ろうと電車に乗り込み、ドア付近に立ったところ、車体がガタンッと大きく揺れたのでとっさに手をついたら、ガラスをすり抜けてしまったそうです。腕はすっと引き抜けましたが、ガラスは歪んだままだったというのです。

さらに、明治神宮に行き芝生でＫａｎ．さんがくつろいでいると、突然眼の前に渦があらわれたのだそうです。そのなかに入ってみようと思った瞬間、気がつくと冷たくて真っ暗なところに移動していました。そこはなんと青森県で、Ｋａｎ．さんは民家に二晩お世話になり、友人に電話をして、明治神宮に置き去りにした荷物を送ってもらったそうです。

人間が波動であることがよくわかる、すごい体験です。

夢の力

米国人で、ホリスティック医学（人間の自然治癒力に基づき、全体的な治療を行なうこと）の原点と言われている、エドガー・ケイシーという方がいます。彼は自身が催眠状態になり、高次の存在とチャネリングすることで、相手の肉体を透視して、病気の原因や治療法を的確にリーディング（催眠中に語ること）することができました。そのリーディングは、ガンや膠原病などの難病を含む多種多様な病気の治療だけに限らず、病気予防のための食事、健康法、瞑想の練習法、占星術、夢分析、予言まで広範囲に渡っています。

彼のリーディングは、途中から速記で記録がとられるようになり、現在も１４０００件がアメリカに保存されています。日本にも、日本エドガー・ケイシーセンターがあり、講演会の開催や、翻訳、書籍の出版等による普及活動をしています。

私たちは、睡眠中はレム睡眠とノンレム睡眠を繰り返しています。周期は約1時間半で、7時間半睡眠をとった場合は、5回レム睡眠とノンレム睡眠を繰り返すことになります。

レム睡眠中は眼球が激しく動いて、夢を見ていますが、ノンレム睡眠中は睡眠が深くなうです。

り、夢は見ません。私は夢を見たことがないという人にベッドに寝てもらい、脳波をモニターして、レム睡眠になったときに無理やり起こすと、「今夢を見ていたのに」と言うそうです。

夢は現実と違い、ありえないことが出てきたり、デフォルメ（強調）された内容であったり、心もとなく感じます。しかしこれにはちゃんとした理由があります。

人間には、顕在意識と潜在意識以外に、超意識といわれる、宇宙や大いなるすべてと繋がっている意識があります。超意識は、夢を通じて顕在意識に有用な情報やメッセージを伝えようとしますが、門番である潜在意識がこれを検閲し、主人を守るための情報以外はシャットアウトしようとするのです。そこで超意識は、潜在意識の検閲をのがれるためにカモフラージュしようとして、わざとヘンテコな内容にして送っているのです。

つまり、私たちが寝ているあいだ、つまり顕在意識が働いていないときには、私たちは高次の意識とコンタクトしていることになります。夢の約80％は自分に対するメッセージであり、とくに健康状態や人間関係、仕事など自分が取り組んでいること、誤った行為に対する警告などです。残りの20％は前世に関することであったり、予知夢などです。とくに重要なメッセージを知らせたい場合は、非常に強烈な夢を見せて訴えてくることがあります。最後まで見終えることができないような恐ろしい夢を見せ、パニックを起こさせて、私たちの注意を引いたりします。

ですから、インパクトの強い夢というのは、「この部分をしっかり浄化しなさい」という具合に、浄化が必要な部分を教えてくれているのです。また、繰り返し同じ悪夢を見ることがありますが、それは、現実の世界で繰り返し同じできごとが引き起こされるのと原理は同じです。悪夢は、現実世界のどこかに必ず当てはまるできごとが存在しているのです。

日本エドガー・ケイシーセンター代表の光田秀さんは、大学院の入試問題が夢に出てきて、それを暗記して合格したり、エドガー・ケイシーを日本で普及させる役目を担っていると諭される夢を見たり、奥さんとの結婚を夢が導いてくれたりしていて、夢にたいへんお世話になっているそうです。

夢の内容を理解する上でたいへん役に立つのが、坂内慶子さんの書籍『夢は神さまからの最高のシグナル』（コスモ21）で、この書籍は、夢のキーワードを辞典にまとめています。

坂内さんは幼少より数々の病魔に冒され、ようよう辿り着いたエドガー・ケイシー療法により健康を取り戻しました。健康で居続けるには自分を知ることだと悟り、ケイシーがその道具のひとつとして取り上げた夢の研究に取り組まれたのです。

私も、株式投資が順調にいかないときに毎夜悪夢にうなされていました。ライオンや虎が毎夜出てきて私を襲おうとするのですが、私は身動きができずにもが苦しみ、食べられる寸前に目が覚めるのです。このとき、メッセージは「いい加減にしなさい。自分のやるべきことからズレてますよ」と送っていたのです。

会社で封筒にたくさん書類を入れ過ぎてパンパンになり、端が破れていたのにそのまま送ることにした夢は、「仕事のキャパがオーバーしてますよ。休息をとってください」というメッセージでした。

他にも、小学校のようなホテルで洗濯をしようと、洗濯物を入れたところ、後から行って洗濯機のフタを開けてみたら、ワイシャツと下着と本が束ねて入っていた夢もありました。どうしようかと考えて、本を取り出して洗濯機を回し、後から見に行ったところ、白人がその洗濯機を使っていたのです。私の洗濯物はもうどこにもありませんでした。この夢から私が受け取ったメッセージは「本を選択（洗濯）しなさい。適当に選ぶのではなく、自分のためになる本を読みなさい」というものです。

カルマは存在しない

「カルマ」という言葉を聞いたことがあると思います。日本語では業と訳されていますが、すこし意味がつかみにくい言葉になっていますね。狭義の意味は「因果応報」であり、自分が過去におこなった行為は、いいものであれ、悪いものであれ、必ず自分に返ってくるという法則です。ですが、現在カルマというと、ほとんどは悪いおこないについて使われる言葉になっています。

よく、前世で解消されなかったカルマを今世で解消するとか、今世で解消できなかったカルマは来世に受け継がれると言われます。しかし、カルマの法則は、私たち地球の第三密度の重たい意識からのアイデアであり、本来は存在していません。これはバシャールから伝えられたことでもあります。

ですから、カルマを背負うかどうかは、100%私たち自身の選択になります。今世のおこないが悪かったからといって来世で人間になれない、なんてこともありませんし、今世のおこないがすばらしかったから、来世はご褒美人生を過ごせるといった嬉しい特典もありません。

私たちのもっとも深いところに、本当の自分として存在しているのが大いなるすべてであり、その本質は100％無条件の愛です。大いなるすべてが私たちのおこないをジャッジして、成敗したりすることは絶対にありません。無条件の愛とは、言葉そのまま、まるごと無条件に愛するという意味なのです。

なにか悪いことをしたから、大いなるすべてから怒りを買う、などということはありえないのです。そんなことがあったとしたら、それはもはや、大いなるすべてからの言葉ではありません。

なにをしてもどんなことを言っても、私たちはいつでも無条件の愛で愛されていますし、今までも、これからも、ずっとずっと続いてゆくのです。私たちがどんな人間になろうと、どんなことを計画しようと、全面的に協力してくれます。

では、カルマがないということは、なにをしてもいいのでしょうか？

その通りです。私たちは生まれる前に、今世の成長をサポートしてくれる存在（自分の仲間であるガイド）とともに、今世の計画を立てるそうです。自分の体験を事前に決めるのです。それはポジティブなものもありますし、ネガティブなものもあります。なかには、私たちが悪とか罪と呼ぶ体験さえも含まれています。

チベット仏教のダライ・ラマ法王は「もし、なんの葛藤もなく人を殺したら、それはカルマにならないのですか?」との質問に対して「そのとおりです」と答えています。葛藤がないことは迷いがないことですから、法王はこのような究極的な回答をしたのでしょう。

私たちは第三密度の地球に住んでいますから、恐怖や分離、非調和が世界のベースになっています。カルマがあるとすることでマイナスのものの暴走を食い止めようとするのもわかりますし、それは道徳的に考えても致し方ないことだと思います。

私たちは、何度も生まれ変わり、いろんな経験を積み重ねていくことで好奇心を満たし、成長していきます。ただし、私たちがその計画からズレた人生を送っていれば、病気や、強烈な夢や、ネガティブな体験としてアドバイスが与えられ、「その生き方は間違っているよ」と気づかせてくれるのです。

次元上昇とはなんなのか?

アセンション(次元上昇)という言葉は、最近は「シフト」と言われることが多いようです。書店のスピリチュアルコーナーには関連書籍があふれ、いろいろな人が、「地球は今変わろうとしている、変わりつつある」と指摘しています。

私たちと同様に、地球や宇宙も意思を持っていて、宇宙全体が生々流転しながら波動を上げていこうとする動きがあり、それについて、地球の存在が大きなカギになっているようです。

アセンションの逆はディセンションで、言葉としては「分離」(大いなるすべてと分離すること)になります。

地球は歳差運動をしています。ちょうど、回転速度の遅いコマの軸が揺らぎながら回転しているのと同じです。このゆらぎの周期は25800年で、サアラさんや並木良和さんによれば、地球は、ゆらぎの周期に合わせて、アセンション(次元上昇=統合)とディセンションを交互に、約1万3千年ごとに繰り返しているとのことです。

宇宙には占星学という学問があり、この歳差運動の周期を12等分した約2150年を一つの時代として、星座を割り振っています。今までは魚座の時代が続いていて、「支配」「曖昧さ」「秘密」「画一的な価値観」等の性質がありました。それが、2012年12月21日の冬至を境に、約13000年続いたディセンションからアセンションに変化し、同時に2500年続いた魚座から水瓶座に切り換わったのです。

水瓶座は「開放」「公平」「自立」「自由」「社会に完全性を求める」「個人の独自性」等の性質があります。最近は歴史が改竄(かいざん)されていた事実を示す本が出版されたりして、隠蔽や歪曲、捏造されてきた事実が少しずつ明るみに出てきており、時代が明らかに変わってきているとわかります。

私が今の会社に入社した日がまさにその変化の日でした。この変化を境に、私は会社を通じてさまざまな経験を積み、海外での交流を深め、いろいろな本を読んで自分の肥やしとすることで、自分自身がライトワーカー（愛の反対の怖れや不安から、地球の人たちを助けるために自ら選んで生まれてきた人たちのこと）として、人類に貢献するのだと思っていますし、それを光栄に感じています。

100匹目の猿現象というのがあります。

京大の霊長類研究所が、宮崎県串間市の幸島に棲息するニホンザルに餌付けをおこなっていたところ、一匹のメス猿がイモを海水で洗って食べることを覚えました。同じ行動を取る猿は次第に増えていき、あるしきい値を超えたとき、その行動が一気に群れ全体に広がり、その変化は一つの群れのみにとどまらず、場所を隔てた大分県高崎山の猿の群れにも、さらにそれ以外の場所でも、同じ行動が見られるようになったという現象です。

このように、ある行動や考えなどが一定数（臨界点）を超えると、時空を超えて伝播していくのです。

私たちの意識が高まり、もともと全知全能であることに気づく人が増えていくほど、次元の上昇に弾みがつくことになります。

並木さんは全世界で14万4千人が、バシャールは20万人が覚醒すれば、それが臨界点になり、地球と私たち人類は次元を上げることができると言っています。

私たちは現在、第三密度の地球に住んでいます。向かう先は第四密度です。第四密度に到達するタイミングは、私たち76億人のうち何人がいつ覚醒するか、また、全体の意識のレベルによっても変動するでしょうが、おそらく2022年から2030年のあいだになるだろうと言われています。

ただし、宇宙は多次元のパラレルワールドですから、変化に恐怖を感じる人や、現状維持を望む人、唯物論者など、スピリチュアルに懐疑的な人は、現状の地球や地球に似た惑星を選択し続けることになり、仏教でいうところの生老病死をこれからもずっと経験することになるでしょう。

意識は波動でありエネルギーですから、エネルギー保存の法則に基づき、宇宙全体のエネルギーは増えることはあっても、減ることは絶対にありません。私たちは永遠に姿形を変えながら存在し続け、自分がいつもなにに意識を向けているかによって、その波動に対応した現実を創造し続けていくことになります。

不安や恐怖を抱えている人はその現実を体験する地球に、罪悪感や無価値感にかられていればそのような世界に生まれ変わることになります。さらに、波動が上がった人とは波動域が異なってしまい、まったく共振が起こらなくなるため、会うことすらできなくなってしまうでしょう。これらの選択は、本人の自由意志によります。

これからの時代

私たちは、一時的に物質界である地球にやってきている、非物質界の存在です。わざわざ波動を下げて、この世界にやってきているのです。

意識が現実をつくり出していること、世のなかは引き寄せの法則で成り立っていること、時間の概念も意識がつくり出していて、自分の意識によって体験したい現実をつくり出していることなど、本来はそうした認識を完璧に持っています。しかし、5才になるころまでに、私たちの認識はすっかり物質界のルールに上書きされてしまいます。

私たちの波動が高まるにつれ、意識の深いところにもともと刻み込まれていた正しい認識を思い出すことになります。私たち自身が無限の可能性を持った存在であると再認識することができれば、自分が本当に求めていること、体験したいこと、どんな人間になりたいのかを、はっきりとつかむことができるようになります。それが私たちの真実なのです。

私たちは第四密度へ移行しようとしています。そこで体験することのほとんどが、今の地球と比較すると180度変化することになるでしょう。平和で調和のとれた、夢のような世界です。そのための下地づくりを世界各国のスピリチュアルリーダーたちが進めています。

日本での重鎮かつ長老は、天外伺朗さんです。天外さんはホロトロピック・ネットワークと呼ばれる活動を通じて、医療改革、教育改革に加え、瞑想や断食を指導したり、天外塾という経営塾を開講し、数々の書籍を出版しています。そのかたわら「日本列島祈りの旅」と称して、日本全国を有志たちと旅をしながら、さまよえる霊を解放したり、封印された怨念を祈りの力で昇華させる活動を続けています。詳細は『日本列島祈りの旅1』（ナチュラルスピリット）『日本列島祈りの旅2　クナト姫物語』（ナチュラルスピリット）を参照してください。私は講演会や瞑想会にしばしば参加しています。

さらに、モンロー研究所、および坂本政道さんが代表を務めるアクアビジョンでは、「私たちは肉体を超えた存在である」という考えに基づいたさまざまなプログラムが用意されています。そのなかには、ライフラインと呼ばれる救出活動のプログラムがあります。

肉体を失ってこの世からあの世に移行した存在が、なんらかの理由で「スタック（逃れられなくなる）」されている領域にコンタクトし、彼らを、大いなるすべてに向かって近づいていけるようサポートしているのです。

並木良和さんは、講演会やワークショップを開催する一方、高次の存在からの導きやリクエストに応えるために、ハワイのオアフ島の聖地や、ペルーのマチュピチュ、伊勢神宮、箱根神社、江ノ島神社などに行って、波動の浄化をしています。東大の矢作直樹先生とコラボした講演会もおこなっています。

ドクタードルフィンこと松久正先生は、地球と人類の封印を解くために、長崎県壱岐を訪れています。地球のなかで、天と地の両方をつなぐ唯一の場所が壱岐です。天とだけ、あるいは地とだけつながっているところはたくさんあり、たとえば、ＵＦＯで有名なアメリカのセドナは地とつながっています。

バシャールは、第五密度への移行領域に暮らしており、波動が私たちと比較すると極端に高いため、私たちが目視することはできません。ダリル・アンカは、バシャールとチャネリングを開始するのに5～10分間もの長い時間をかけて波動を調整しています。彼らは低波動の物質界と高波動の非物質界との中間的存在で、宇宙に遍満するダークマターと呼ばれるフリーエネルギーを自由に吸収することができるため、食事は不要だそうです。

不食の弁護士として知られる秋山佳胤先生は、ブレサリアン（呼吸主義者）であるオーストラリアのジャスム・ヒーンの書籍を読んでから、3年かけて完全に不食になり、すでに10年が経過しています。食事のかわりに、生命エネルギーであるプラーナとか、気と呼ばれるものからエネルギーを補っています。

ヘミシンクのプログラムのなかに「エナジーフード」というものがあります。導かれた状態でエネルギーを両手のひらで受け、腕を通して自分の体全体に広げることで、必要なエネルギーを得ることができ、それによって物質的な食べ物を減らすことができるプログラムです。私は、春分の日の前日と当日に並木良和さんのユーチューブを頼りに、波動を上げるエクササイズをおこないました。1年のなかで、春分の日、夏至、秋分の日、冬至の4日間が特に宇宙から降り注ぐエネルギーが多くなるからです。すると、体調はすこぶるいいのに、食欲がその2日間に限って湧いてこなくなりました。なぜかお腹がいっぱいで満足なのです。

私たち人類は、これから寿命も伸びていきますし、人口も100億人に向けて少しずつ増えていくでしょう。そして、波動の上昇につれて食欲は低下していくことになります。1日3食から2食になり（妻は今年から朝と夜の2食です）、肉や魚のかわりに野菜や果物だけになっていくでしょう。ですから、世間で言われているような食糧問題は発生しません。

また、栄養のとり方や概念についても根本的に変わっていく可能性をサアラさんが指摘しています。たとえば、私たちの体はビタミンCを必要としているのではなく、「水がつくるビタミンCの分子構造の鋳型」を必要としているのだそうです。あらゆる栄養素の分子構造がわかれば、水にそれを転写して、細胞まで届けることができるようになるでしょう。水はいろいろな分子構造をつくることができますし、その構造によって機能がまったく違います。また情報を記憶することもできますし、それを更新することもできます。五芒星、六芒星、八芒星などの形をとることもできるそうです。

私たちの波動は、これから統合に向けて上昇していくことになります。それに伴って心配や不安がなくなっていき、恐怖が和らぎ、罪悪感や無価値感などを含めたすべてのネガティブな感情が影を潜めていきます。かわりに、いつもこの一瞬をワクワクして生きることができるようになります。これは誇張した表現ではなく、すべてのみなさんに均等に与えられた機会です。そのために必要なことは、難行苦行をすることではなく、ただ、すべての源である波動を整えていくことにつきます。仕事、健康、人間関係、お金など、さまざまな問題に対する付け焼き刃的な処方が不要なステージに差し掛かりつつあります。

光り輝く豊かな未来は、すぐそこまで来ているのです。

あとがき

私たちの抱える問題はそれほど種類があるわけでなく、だいたい仕事、健康、人間関係、お金に集約されます。本書では、その問題に絞って、専門家や先人の知恵に加え、私の体験をまとめてみたつもりです。とくに宇宙編では、「この人、怪しいなあ」と思った方もいるかもしれません。しかし、今のタイミングなら、納得した人も多かったのではないでしょうか。時代は急速に変わってきています。書店に置かれているスピリチュアル関連の書籍が多くなったことも、それを物語っていると思います。

本書の題名は妻がつけました。私は『仕事や人生が劇的に好転する異次元からの処方箋』というものを考えましたが、抽象的すぎてよくなかったのでしょう。私の案のままでは、本屋さんでひっそりしていただけだったかもしれません。

スピリチュアルとビジネスはまったく関係がないと思われがちですが、その考えに風穴を開けたかったのです。

先日、妻と一緒に天外伺朗さんの講演会に行きました。平日の夜でしたので表参道で待ち合わせをすることにしたのですが、途中の田園都市線の駅で、私の乗った発車まぎわの車両に妻が乗り込んできたのです。妻いわく、なんとなくこの車両に私が乗っているのがわかったそうです。妻の直感力はすごいです。いつも助けてもらっていますし、悪いことはできません。

本書は、昨年12月後半から、仕事の合間を見ながら、上海や台湾への出張中にホテルで書き進めました。体験しては書く、体験しては書くを繰り返していますから、内容に偽りはなく、新鮮であると自負しています。

少しでも多くの人が、本書の内容に共感するだけでなく、エクササイズを実際に毎日の習慣に組み入れて、地球の物理次元を超えた体験をして、悟りとか、覚醒と呼ばれるような境地に近づいてくださるなら、これに勝る喜びはありません。

肉体を持ったまま、そのような高い波動の状態に昇華することを「統合」といいます。もちろん私も、毎日エクササイズを続けている段階で、まだ道の途中ですが、普通のサラリーマンである私にできたことは、読者の皆さんにも必ずできます。信じて実践してほしいと思います。

本書に対する意見や感想、みなさんの体験談をお待ちしています。どんどんシェアして、100匹目の猿現象を実現させましょう。

そのためのウェブサイトを新規に立ち上げました。体験は匿名で公開できますので、ぜひ記事をお寄せください。コミュニティサイトとして活用したいと思っています。

「ビジネスマンのためのスピリチュアル」や「spiforbizman」で検索してください。

http://spiforbizman.com/

「体験投稿」「感想投稿」

参考文献

『ヒマラヤ聖者の生活探究』ベアードT・スポールディング著（霞が関書房）
『科学で解明！　引き寄せ実験室』濱田真由美、山田ヒロミ著（BABジャパン）
『ラスベガスとヘミシンクに学んだ　富と成功の秘訣』ジョー・ギャレンバーガー著（ハート出版）
『パワーオブエイト――最新科学でわかった意識が起こす奇跡』リン・マクタガート著（ダイヤモンド社）
『感情を整えるアドラーの教え』岩井俊賢著（大和書房）
『アドラー心理学入門』岩井俊賢著（かんき出版）
『ブルーオーシャン戦略』W・チャン・キム、レネ・モボルニュ著（ダイヤモンド社）
『Excelで利益シミュレーションができるようになる本』柏木吉基著（洋泉社）
『1冊3分で読めて、99％忘れない読書術　瞬読』山中恵美子著（SBクリエイティブ）
『スーパーブレイン』ディーパック・チョプラ、ルドルフ・E・タンジ著（保育社）
『脳が老いない世界一シンプルな方法』久賀谷亮著（ダイヤモンド社）
『ドイツ波動健康法』パウル・シュミット著（ビオ・マガジン）
『花粉症は1週間で治る！』溝口徹著（さくら舎）
『医者が教える食事術　最強の教科書』牧田善二著（ダイヤモンド社）
『主食をやめると健康になる―糖質制限食で体質が変わる！』江部康二著（ダイヤモンド社）
『一生太らない体をつくる「腸健康法」』藤田紘一郎著（大和書房）
『最高の体調』鈴木祐著（インプレス）

参考文献

『思考が物質に変わる時』ドーソン・チャーチ著（ダイヤモンド社）
『松果体革命』松久正著（ナチュラルスピリット）
『5度の臨死体験でわかったあの世の秘密』小林 健著（イースト・プレス）
『覚醒への道』サアラ著（徳間書店）
『ほら起きて！ 目醒まし時計が鳴ってるよ』並木良和著（風雲舎）
『みんな誰もが神様だった』並木良和著（青林堂）
『時空を超えて生きる 潜象界と現象界をつなぐ』Kan.著（ナチュラルスピリット）

メタフィジックス通信 http://metaphysicstsushin.tokyo/
the PLANET from NEBULA https://www.theplanetfromnebula.com/
ユーチューブ kokoro century

〈著者プロフィール〉
平野　正之（ひらの　まさゆき）

1957 年 10 月 27 日、静岡県生まれ。山形大学工学部電気工学科卒。大学卒業後、エレクトロニクス専門商社に入社し、2 回の転職を経て、現在、川崎市内の会社に勤務中。趣味は料理、家庭菜園、散歩、5 匹の猫と戯れること。座右の銘は「よく遊び、よく学べ」

ビジネスマンのためのスピリチュアル入門

2019年10月11日　初版第 1 刷発行

著　者　平野 正之
発行者　韮澤 潤一郎
発行所　株式会社 たま出版
〒160-0004　東京都新宿区四谷4－28－20
☎ 03-5369-3051（代表）
FAX 03-5369-3052
http://tamabook.com
振替　00130-5-94804
組　版　マーリンクレイン
印刷所　株式会社エーヴィスシステムズ

ISBN978-4-8127-0432-5　C0011